吉林通志

五

[清]長順訥欽修
[清]李桂林顧雲纂

吉林通志卷三十

食貨志三　田賦下

官莊

吉林官莊五十處額地一萬五千二百四十八晌三畝壯丁三百四十六共納倉糧一萬一千一百九十七石四斗五升吉林外紀七吉林官莊五十處壯丁五百名每壯丁地十二晌共地六千晌每壯丁交倉石糧三十石共交糧一萬五千石官牛三百條內歲應倒斃牛六十條買補倒斃每牛價銀各六兩七錢共應領銀四百零二兩嗣因連年被災收成歉薄每年應交糧石不足額數嘉慶十七年將軍賽沖阿奏准將應徵丁糧以一萬六百八十石作為正額交納二十一年將軍富俊奏准官莊五十處莊丁五百名內除逃故丁一百五十四名現有丁三百四十六名共計官地及旗民私開毗連之地一

萬五千二百四十八晌三畝按地之肥瘠統按上中下等則徵收共計得糧一萬一千一百九十七石四斗五升合各丁赴倉交納校前定額一萬六百八十石之數多增糧五百一十七石四斗五升以後每年只領一半倒斃牛價銀已足敷用每年可節省銀二百零一兩查出法特哈邊門外三道卡薩哩閑荒招佃開墾取租以補缺額似有認領之人卽行陞科起租俟能敷原額一萬五千石之時再行具奏

三道卡薩哩官莊地二千八百八十二晌三畝內納糧折徵制錢地一千四百七十二晌七畝每晌徵市石糧六斗共徵糧八百八十三石六斗二升合倉石糧二千二百九石五升照定章每石合制錢四百六十文共折徵制錢一千十六吊一百六十三文納租折徵制錢地一千四百九晌六畝每晌徵市錢六八百

六十文共折徵制錢四百六十五吊一百六十八文又應納公倉額糧地一百二十晌七畝每晌納市石糧六斗三升共七十六石零四升一合合倉石糧一百九十石一斗二合五勺

甯古塔官莊十三處壯丁一百三十名原額地一千五百六十晌每丁交倉石糧三十石其交糧三千九百石吉林外紀七每壯丁地十二晌官牛七十八條內歲應倒斃牛十六條買補倒斃每牛價銀各六兩七錢共應領銀一百零七兩二錢八旗十二佐領每佐領下承種官十九畝二分共地二百三十畝四分應納穀五百七十六石入義倉存貯

嘉慶五年覆准從前甯古塔地十二佐領及驛站官莊地二萬七千四百八十六畝五分每年應徵銀九百餘兩年來生齒日繁又值連年霜雹旗人無力耕種之地甚多内未經拋荒地八千二百九十二畝五分仍留該兵爲業已拋荒地一萬九千一百九十四畝給民耕種俾課項有著旗人不致受無地之累但小民初墾備辦牛具耔糧勢難納賦俟明年秋後升科經此次調劑之後或旗兵漸見豐饒民人或不耕種仍隨時奏請撥歸旗兵以符舊制會典事例一百四十一

伯都訥官莊三處壯丁六十名原額地七百二十晌

共交穀一千八百石吉林外紀七每壯丁十二晌官牛三十六條內歲應倒斃牛七條買補倒斃每牛價銀各六兩七錢共應領銀四十六兩九錢

三姓官莊十五處乾隆四十五年設壯丁一百五十名地一千八百晌共交公倉穀四千五百石每石加耗糧三升共收耗糧一百三十五石吉林外紀七每壯丁地十二晌官牛九十條內歲應倒斃牛十八條買補倒斃每牛價銀各六兩七錢共應領銀一百二十兩六錢乾隆八年置義倉地四百五十晌由十五牛彔耕種共納倉穀七百二十石　八旗十二佐領每佐領下承種官地十九畝二分共地二百三十畝四分應納穀五百七十六石入義倉存貯

阿勒楚喀拉林官莊六處壯丁六十名乾隆二十一年六字据通志原額地七百二十晌共納倉糧一千八百石吉林外紀七每壯丁地十二晌官牛三十六條內歲應倒斃牛七條買補倒斃每牛各價銀六兩七錢共應領銀四十六兩九錢

烏拉官莊五處曰尤家屯張家莊子前奇塔穆屯後奇塔穆屯蜂蜜營屯莊頭五名隨差地十五晌壯丁一百四十名熟地共二千一百七十五晌每丁種地十五晌徵糧四十五斛共徵糧三千二十四石耗糧在外

涼水泉官莊地一萬四千晌額徵租錢八千四百貫津貼總管署喀薩哩官莊地一千七百晌額

徵租錢八百貫津貼各官莊差務册報
道光二十年將軍經額布薩炳阿奏言道光十三年
欽奉
諭旨寶興等奏請將墾荒租息分撥賞給以資津貼一摺烏拉涼水泉開墾荒地據查明共地七萬三千九百餘晌著准其二道河以東撥出二萬晌以七成賞給烏拉總管衙門三成賞給協領衙門招佃收租爲津貼獎賞之費餘五萬三千餘晌著作爲官荒如需撥用再行奏明辦理該將軍即責成該營隨時嚴查儻有私行侵佔惟該總管協領是問嗣於二十年間因查出弊竇經署將軍惟勤參奏欽

奉

上諭交臣經額布查明究辦查總管署原撥地一萬四千晌
浮多七千四百五十晌共開成熟地一萬一千九百
十九晌八畝九分未墾地九千五百三十晌一畝一
分協領署原撥地六千晌浮多五千九百十六晌共
墾熟地四千九百五十六晌二畝二分未墾地六千
九百五十六晌七畝八分并留公所荒地七百六十
五晌又查出月段擅撥瑪琏官莊地一千晌浮多二
十三晌已墾塾地六百七十二晌未墾地三百五十
一晌均分別擬議參奏並請將已未墾熟之地以花

圍山廟座爲界交與伯都訥同知管轄分別收租催
墾責成稽察其租仍照舊章每晌大小租市錢六百
六十文大租分給兩署津貼市錢一萬二千貫其餘
充餉嗣經奉部議准唯徵租一節部議以新成局地
畝暫歸旗民開墾豫備雙城堡移駐京旗撥地之用
是以議租甚輕至伯都訥民地例定每畝徵銀八分
米四合四勺二杪有奇較新城局輕重懸殊今涼水
泉原墾及丈出餘地旣准各佃領種納租便爲民業
與新成局實有不同應令遵照例定民地科則徵收
等語查看涼水泉一帶本係砍山所出之荒全屬偏

坡砂瘠間有平坦之處非屬沮洳即係薄土冷漿訪
詢民佃情形歲種一季若遇雨水冲刷或降霜較早
即無收穫以常年論上地畝可收糧一石者次地不
過三斗且初開地時兩署告示每晌收租錢六百六
十文永不加增今甫墾熟若議加租民心不懌而勢
畏重租餘荒難期墾足伏思涼水泉地係寶興等奏
奉
諭旨賞給烏拉兩衙門津貼獎賞之費租之多寡原可聽其
自行辦理其始招佃放地給照認墾定以六年起租
每晌大小租京錢六百六十文永不加增本與舊章

相符嗣因辦理不善致有越界貪展之弊不得不加
懲創究之貪展在官而官已參辦民佃無辜實與私
墾之案迥不相同如遵部議加租是以
恩賞招墾之地而責民佃以私開之咎名義既屬不符且
不免失信於民似有未便前奏請將此地交附近之
同知經管係爲彼既辦理不善後恐仍踵前轍故交
同知徵租招佃認墾可以稽察無弊非一經交廳即
爲民地夫官招民佃遇有拖租事故撤地另佃一作
民地則輾轉典賣胡可底止蓋此項
恩賞之地若旗丁自種可以作爲已業而佃種之民戶則

斷不准據爲恒產也現經派員訪查地薄不宜增租
更張殊有室礙並據同知周歷勘明其處係伐木所
出之荒土性瘠薄尚不及民糧下則之地原租每畝
制錢三十三文已較下則民地爲多應請仍照墾荒
舊章免其加租現僅開成熟地一萬六千八百七十
六晌一畝一分暫由同知經徵儘數按三七成分給
兩署津貼短墾地三千一百餘晌責成同知招佃補
墾俟補足二萬晌津貼全租市錢一萬二千貫以符
原
賞之案其瑪蜒官莊熟地六百七十二晌同一瘠薄亦照

原租徵收撥兌兵餉報可揭檔　按總管署報册僅載津貼地一萬四千晌而協領署地六千晌未及或漏略也他處亦無可徵考姑存疑

旗田

吉林本城八旗蒙古營鳥鎗營旗地共十八萬四千五百三十六晌二畝　水師營旗地五千九百七十五晌三畝册報

官兵隨缺地　協領九員每員地六十晌　參領一員地六十晌　佐領五十六員每員地四十晌　四品官二員每員地四十晌　主事二員每員地四十晌　防禦二十六員每員地三十晌　五品官二員

每員地三十晌　總站官二員每員地三十晌　助教官二員每員地三十晌　筆帖式四十九員每員地三十晌　驍騎校五十六員每員地三十晌　六品官四員每員地三十晌　領催三百二十四名每名地二十晌　前鋒七十九名每名地二十晌　兵三千二百七十四名每名地十六晌　共地六萬七千七百三十四晌檔案

道光二十年

諭內閣惟勤等奏吉林將軍有食租地六十八晌副都統有食租地二十四晌無案可稽等語此項地畝著即賞給吉

林將軍副都統作爲隨缺之地以資辦公
銘安奏言吉林爲我
朝根本重地協佐以下各官皆係滿蒙世僕或爲勳勞
後裔襲職當差或曾效力軍營回旗揀補溯自咸豐
二年征調頻仍官弁兵丁效命疆場者十居七八生
還故里者十僅二三其戶口之彫零室家之窮苦有
不忍形諸奏牘者若以昕夕奔馳之苦復有衣食內
顧之憂不惟政體有虧抑且廉隅難飭即如協領應
領俸銀一百三十兩扣成折放每年僅得實銀六十
五兩佐防以次遞減一切公私費用均在其中實係

入不敷出難免賠累臣任　盛京刑部侍郎時詢知
奉天旗員兵丁均有隨缺地畝分防協佐尚有優缺
足資養贍即在省當差輪派河倉亦可均霑餘潤而
吉省地處邊陲異常瘠苦既無優異之缺亦乏調劑
之差是以從前派令旗員等查丈荒地徵收錢糧及
一切雜差無不擾累地方藉端需索追呼掊克習爲
故常以致民怨沸騰累累控告光緒二年臣奉
命來吉查辦事件半由於此然原情而論出於貪婪者總
少迫於窮困者實多自臣抵任後凡有差委辦撥閑
款酌給川資不准藉差科派若蹈前轍立予嚴參遴

來旗員等尚知奉公守法較前已覺改觀但每月僅得俸銀數兩一身之用度尚覺不敷數口之饑寒更難兼顧貧困所迫難保不見利忘議故態復萌今吉省添設民官劃疆分治廉俸辦公均已奏准開支而旗員等除俸銀外別無津貼與民官所入大相懸殊未免稍分厚薄第當庫儲支絀之時萬難籌給公費惟查嘉慶咸豐年間前將軍富俊固慶等先後奏准雙城堡自總管以下官兵撥給隨缺地畝道光年間前將軍倭什訥奏准伯都訥自副都統以下官兵撥給隨缺地畝其三姓地方臣前會同督辦大臣吳大

徵於光緒六年十月間奏請副都統以下俱撥給隨
缺地業經仰蒙
聖鑒在案其餘省城各旗員均未奏請撥給同一竭蹶從
公而隨缺地畝或有或無殊覺苦樂不均今伊通等
處奏明派員開放生荒上中之田人皆呈領餘地近
山磽薄恐難保租一時難以招佃若將此地撥作隨
缺官田雖收成歉薄亦可略資辦公除各城副都統
等前經臣奏准蒙
恩賞給津貼足敷應用及伯都訥雙城堡三姓等處旗員
已有官地均毋庸議撥外所有吉林十旗烏拉伊通

額穆赫索羅甯古塔琿春阿勒楚喀拉林五常堡等
處擬請援照雙城堡成案撥給協領隨缺地畝每員
八十晌佐領五十晌防禦四十晌驍騎校三十晌筆
帖式五十晌領催前鋒每名二十晌如蒙
俞允請俟各處放荒事竣查明未墾地畝共餘若干應如
何分撥再當妥議章程奏明辦理至額設甲兵所領
錢糧照章折放本屬無多而各項差徭向係攤派苦
累情形尤爲可憫若一律請給荒地恐不敷撥容俟
放荒完竣再行設法矜恤以紓兵困經世文續編三十四時部
議未即允准銘安亦謝事去遂不果行比光緒十八

年長順奏言光緒七年間前將軍銘安奏請將開放伊通等處所餘近出磽薄無人承領地畝援照成案撥作隨缺官田旋奉部覆覈與成案請撥地數不符應令覈實删減並將各城旗員名數請撥地數及開放伊通等處生荒上中磽薄之田各有若干除撥隨缺官田外餘賸若干分晰造册送部再行覈辦嗣經前將軍希元派員查明伊通等處放給佃民承領納租界内共地六萬五千三百餘晌均係挨連勘放中無曠閒地段此外靠南接界雖有未放磽瘠生荒南北數十里之間盡係深山磊石並無可出之地若再

向南開展即屬白山封禁地界又多關礙自委員繪
圖履覆後希元以無荒地可撥故未奏辦臣到任以
來每遇春秋閱操揀放缺分目覩官兵窘累光景復
爲周諮博訪所稱困苦原委均與銘安原奏符合若
不及時培養將來旗僕凋敝情形勢必每下愈況不
堪設想現除伯都訥雙城堡二城外近惟三姓官兵
五常堡副甲兵等有此隨缺地畝而各屬自奉部駁
至今虛懸同一困苦而或有或無未免過形枯菀即
原奏並未議及甲兵亦屬疏漏臣等因遵照部咨詳
加覈減或二十晌或十晌不等無可減者仍照原案

又甲兵每名各予地十六晌計省城十旗水師營額
設職官制兵等共需地六萬七千七百三十四晌請
由伊通州經徵圍荒納租地六萬五千三百六十九
晌七畝四分儘數劃撥不敷地二千三百六十四晌
二畝六分擬由吉林府經徵之省西圍荒納租地內
照數撥補其烏拉協領管下伊通額穆赫索羅佐領
管下暨甯古塔琿春二城額設官兵並五常堡職官
等應得隨缺地共五萬二千一百六十四晌擬由吉
林府經徵之舒蘭土門子納租地內劃撥阿勒楚喀
官兵應得地一萬六百五十二晌擬由賓州廳經徵

之蜚克圖站迆東納租地內劃撥拉林官兵應得地
九千晌擬由雙城廳經徵之東官佃板子房等處納
租地內劃撥俱歲收租銀給爲津貼合無仰懇
天恩俯念吉林官兵歲得俸餉減成折放加以攤扣旗佐
差費公用所餘無幾實屬苦累異常請
飭下部臣議准照撥以資辦公而示體恤如蒙
俞允即請自光緒十八年爲始嗣經部議所擬數目暫准
由徵租地內撥給仍應遵照奏案只准撥銀不准撤
佃永爲定章一面將通省閑荒勘丈如數撥給即將
所撥租賦撤回抵餉仍令官兵自行墾種以符成案

檔案

甯古塔八旗田五萬九千一百二十五晌文移

官兵隨缺地　協領二員每員地六十晌　佐領十

二員每員地四十晌　防禦八員每員地三十晌

筆帖式十四員每員地三十晌　驍騎校十二員每

員地三十晌　領催七十一名每名地二十晌　前

鋒三十七名每名地二十晌　兵一千二百零八名

每名地十六晌　共地二萬三千一百零八晌檔案

伯都訥八旗田三萬九千四百七十二晌文移

官兵隨缺地道光三十年將軍倭什訥副都統盛桂

奏將廳屬東珠爾山東西間荒撥給每晌歲收租錢五百文　協領二員每員地四十晌　佐領二十員每員地三十晌　防禦八員每員地二十五晌　驍騎校十二員每員地二十五晌　雲騎尉三員每員地二十晌　恩騎尉二員每員地二十晌　無品級筆帖式領催前鋒披甲兵役等共一千一百七十二名每名地十六晌　共地一萬九千七百九十二晌

副都統署文移

三姓八旗田六萬三千三百九十二晌文移

官兵隨缺地光緒六年將軍銘安督辦大臣吳大澂

奏准撥給　副都統地一百八十晌　衙署公用地二千晌　協領二員每員地八十晌　佐領十六員每員地五十晌　防禦八員每員地四十晌　驍騎校十六員每員地三十晌　筆帖式十二員每員地五十晌　領催九十五名每名二十晌　前鋒四十名每名二十晌　兵一千三百六十五名每名十六晌　共地二萬九千八十晌册報

琿春八旗田一萬一千五百九十三晌文移册報

官兵隨缺地　協領二員每員地六十晌　佐領八員每員地四十晌　防禦四員每員地三十晌　筆

帖式八員每員地三十晌　驍騎校八員每員地三十晌　領催四十名每名地二十晌　前鋒七名每名地二十晌　兵五百六十名每名地十六晌　共地一萬九百四十晌檔案

阿勒楚喀八旗田九萬八千六百四十晌零三畝文移

官兵隨缺地　協領二員每員地六十晌　佐領八員每員地四十晌　防禦九員每員地三十晌　筆帖式十三員每員地三十晌　驍騎校八員每員地三十晌　領催三十六名每名地二十晌　前鋒八名每名地二十晌　兵五百二十七名每名地十六

晌　共地一萬零六百五十二晌檔案
拉林八旗田六萬四千九百一十二晌九畝六分文移
官兵隨缺地　協領一員地六十晌　佐領八員每
員地四十晌　防禦五員每員地三十晌　筆帖式
五員每員地三十晌　驍騎校八員每員地三十晌
領催三十六名每名地二十晌　前鋒八名每名
地二十晌　兵四百五十名每名地十六晌　共地
九千晌檔案
打牲烏拉四界旗田東南路熟地一萬七千三百餘
晌東北路熟地一萬七千二百餘晌西南路熟地八

千三百餘晌西北路熟地一萬五千二百餘晌共地五萬八千餘晌册報　文移作五萬千七百九晌一畝六分

烏拉協領八旗田一萬九千三百二十九晌二畝文移

官兵隨缺地　協領一員地六十晌　佐領八員每員地四十晌　防禦四員每員地三十晌　筆帖式二員每員地三十晌　驍騎校八員每員地三十晌　領催四十六名每名地二十晌　兵六百五十一名每名地十六晌　共地一萬二千一百三十六晌檔案

雙城堡八旗田十五萬一千一百四十五晌四畝六

分文移
官兵隨缺地道光元年將軍富俊奏准撥給原設有總管一員地一百六十晌兩翼委協領二員地各三十晌無協領光緒八年將軍銘安奏裁總管改設協領並裁兩翼委協領餘多地一百四十晌歸廳署徵租　協領一員地八十晌　佐領八員每員地五十晌　防禦二員每員地四十晌　驍騎校八員每員地三十晌　左右司開缺繙譯筆帖式二員每員地五十晌　筆帖式領催甲兵二百九十二員名地各二十晌　共地六千七百四十晌協領署文移

協領署額徵旗丁承種納租滋墾毛荒八千晌三項旗地六萬七百三十七晌六畝一分又站丁承種滋墾浮多地二百一十五晌凡徵大租銀一萬九百七十一兩四錢六分九釐八毫小租銀一千九十七兩一錢四分六釐九毫八絲大租銀抵充俸餉小租銀作催徵人役經費檔冊

五常堡二旗田三千六百五十七晌八畝四分文移

職官隨缺地　協領一員地六十晌　佐領二員每員地四十晌　防禦二員每員地三十晌　筆帖式三員每員地三十晌　驍騎校四員每員地三十晌

共地四百一十晌檔案按甲兵隨缺地係先設者今未開報

伊通二旗田一萬三千二百八晌文移

官兵隨缺地　佐領二員每員地四十晌　防禦二員每員地三十晌　驍騎校四員每員地三十晌　領催十二名每名地二十晌　兵一百八十八名每名地十六晌　共地三千五百零八晌檔案

額穆赫索羅一旗田七千九百六晌五畝文移

官兵隨缺地　佐領一員地四十晌　防禦一員地三十晌　驍騎校一員地三十晌　領催六名每名地二十晌　兵一百十四名每名地十六晌　共地

二千四十四晌檔案
伊通邊門所屬七臺旗田一萬三千五百六十晌
赫爾蘇邊門所屬八臺旗田一萬七千七百三十六
晌六畝八分七釐　佈爾圖庫邊門所屬七臺旗田
五千七百四十五晌一畝　巴彥鄂佛羅邊門所屬
七臺旗田一萬一千三百晌六畝文移
金珠鄂佛羅管下二十二站共地四萬八千六百五
十五晌　烏拉額赫穆管下二十站共地六萬三千
三百六十一晌册報
巴彥鄂佛羅原作巴言俄佛洛　邊門七臺種地共二千四百

零六晌伊通原作一統邊門六臺種地共一千四百五十六晌赫爾蘇原作河爾素邊門八臺種地共九百三十晌佈爾圖庫原作布爾圖庫蘇巴爾漢邊門七臺種地共一千二百八十九晌烏拉原作叭喇站蒐登原作蘇通站伊勒門原作一而門站刷煙站伊原作一巴丹站阿勒坦額墨勒原作阿爾坦額墨爾站赫爾蘇原作黑爾素站葉赫原作夜河站蒙古河洛站共九處種地共七千九百六十晌金珠鄂佛羅原作金周俄佛洛站舒蘭河原作書蘭站法特哈原作法他哈站登伊勒哲庫原作登格爾哲庫站蒙古站陶賴昭原作討來站遜扎保原作孫扎波站浩色原作蒿子站社哩原作舍力站伯原作北都訥站額赫穆原作

額和木站拉法站退摶原作推吞站額穆赫索羅原作俄莫和索洛站必爾罕畢喇原作畢爾漢必拉站沙蘭站甯古塔站共十七處種地一萬零六百四十三晌二十一八旗通志

嘉慶二十一年

諭據松甯等奏站丁藉地當差今因私相典賣若將各站丁地畝普行勘丈每名留給十餘晌俱入官徵租丁力拮据請仍其舊等語此事並著富俊悉心覈計應如何派撥均匀俾各有力當差不致私行典賣妥議章程具奏

又

諭富俊奏覈議吉林站丁地畝章程一摺吉林站丁私將地

畝典賣若將該丁等地畝普行勘丈每名僅留給十晌餘俱入官徵租丁力必驟形竭蹶著仍照松甯原議循舊辦理至查出典賣與民地一萬三千五百六十三晌五畝著照富俊所議均匀賞給額設站丁八百五十名每名十五晌九畝零即作爲隨缺工食養贍津貼其當差窮苦站丁各按典賣之民種滿十年照該村屯租地寬減二成給該丁納租不准該丁奪地另佃如民抗不交租照例撤地交站丁自種嗣後如再有越界私墾及私相典賣者丁民俱一體治罪地價全行入官以示懲儆

附前代田賦考

稅布五疋穀五石游人則三年一稅十人共細布一疋租戶一石次七斗下五斗北史高句麗傳

遼太宗會同二年十月以烏爾古部水草豐美命譯爾昆錫林居之以海勒水之善地爲農田續文獻通考一

金太宗天會九年命以圖們水以西和摶錫磬珊沁三水以北閑田給海蘭路諸穆昆金史本紀三

熙宗天眷元年詔罷拉林水混同江護邏地與民耕牧金史本紀四

世宗大定二十三年七月命推排上京諸路牛具數

續文獻通考一

金制官地輸租私田輸税租之制不傳大率分田之等爲九而差次之夏税畝取三合秋税畝取五升又納秸一束束十有五斤夏税六月止八月秋税十月止十二月爲初中末三限州三百里外紓其期一月章宗泰和五年以十月民穫未畢不可遽令納税改秋租限十一月爲初上京地寒稼穡遲熟夏税限以七月爲初凡輸送粟麥三百里外石減五升以上每三百里遞減五升粟折秸百稱者百里內減三稱二百里減五稱不及三百里減八稱三百里及輸本色

藁草各減十稱同上

吉林通志卷三十一上

食貨志四　屯墾

吉林府　省東舒蘭墾地五萬六千四百三十六晌五畝八分　咸豐十一年奏請開墾舒蘭迤北土門子禁荒光緒十二年勘明納租地三萬九千七百八十三晌六畝三分丈出浮多地一萬六千六百五十二晌九畝五分七年升科

省西圍場邊荒八牌內墾地八萬八千七百九十八晌二畝七分五釐　咸豐十一年奏請開墾省西圍場邊荒光緒十二年勘明東四牌博文篤行誠忠允

信四社納租地二萬三千零五晌二畝五分六釐丈
出浮多地一萬一千八百一十六晌九畝九分九釐
七年升科西四牌耕讀勤儉敦厚崇禮四社納租地
二萬九千五百七十四晌四畝二分丈出浮多地二
萬三千六百二十八晌五畝八年升科又續行丈出
允信社浮多地一百八十八晌六畝九分八年升科
博文社浮多地五百零七晌五畝九年升科篤行社
浮多地二十五晌二畝九分十一年升科篤行社生
荒五十一晌六畝二分十五年升科
省南漂河樺皮甸子墾地九千七百六十二晌六畝

五分　此荒先經金場流民私墾八百餘晌同治五
年奏准給予流民認種輸課光緒三年勘明納租地
五千七百二十三晌四畝四分丈出浮多地四千零
三十九晌二畝一分六年升科
省南烏林溝墾地一千九百一十一晌一畝九分
此荒與樺皮甸子同時開墾光緒十二年勘明納租
地一千五百一十五晌三畝丈出浮多地三百九十
五晌八畝九分七年升科
省西圍場荒溝河墾地二萬三千九百九十九晌七
畝一分八釐　同治七年奏請開墾光緒十二年勘

明納租地一萬四千七百二十六晌一畝零二釐丈
出浮多地九千一百三十一晌八畝三分六釐八年
升科又續行丈出浮多地一百四十一晌七畝八分
九年升科
伊通州　光緒七年放出熟地二十三晌九畝本年
升科生荒地二千七百一十一晌七畝二分　八年
放出熟地二千零三十一晌六畝一分本年升科生
荒地五萬二千四百一十二晌八畝八分　又撥放
吉林義學經費熟地六十九晌五畝本年升科生荒
地一千三百晌零零三畝一分　九年放出熟地二

十七晌一畝九分本年升科生荒地五千三百六十六晌二畝八分　又撥放吉林義學經費熟地六晌五畝本年升科生荒地七千二百零五晌五畝二分　十年放出熟地二十七晌一畝九分本年升科生荒地五千三百六十六晌二畝八分　按以上荒地光緒十口年奏准除原放熟地並生荒內已墾熟地屆限升科其未墾生荒均自光緒十六年升科

敦化縣　光緒五年放出熟地二千七百七十四晌八畝九分本年升科　六年放出熟地一百七十晌本年升科　七年放出熟地三十七晌五畝本年升科　八年放出熟地十四晌五畝本年升科　原放

生荒內已墾熟地九千九百七十七晌三畝九分光緒十三年升科未墾生荒地一萬九千五百九十八晌八畝八分十五年升科　新放敖東懷德城山沙鎮四鄉荒地四百九十三晌四畝光緒十八年升科

伯都訥廳　新城局八號荒墾地十六萬零六百七十晌零一畝四分　道光四年奏准開墾伯都訥閒荒十萬八千晌二十七年查出私墾珠爾山地八千餘晌蘊梨場以西代吉屯一帶地一萬一千餘晌光緒十三年勘明納租地共十二萬八千三百七十八晌一畝二分丈出浮多地三萬二千二百九十二晌

零二分□年升科
珠爾山墾地二萬一千三百一十九晌四畝　同治
六年奏准開墾珠爾山閒荒光緒十四年勘明納租
地一萬四千七百一十九晌六畝九分丈出浮多地
六千五百九十九晌七畝一分□年升科
蘊棃場墾地一萬二千四百八十六晌六畝一分
咸豐十年奏准開墾蘊梨場閒荒光緒十四年勘明
納租地九千九百三十八晌四畝三分丈出浮多地
二千五百四十八晌一畝八分□年升科
北坎下墾地三千二百六十晌零八畝九分　開墾

年分未詳光緒十四年勘明納租地二千三百一十二晌八畝七分丈出浮多地九百四十八晌零二分

口年升科

八里荒墾地三萬四千晌零零二分　道光十九年查出北路驛站私開八里荒地畝擅作津貼撤地入官徵租光緒十四年勘明納租地二萬七千六百七十六晌二畝二分丈出浮多地六千三百二十三晌

八畝口年升科

隆科城墾地四萬四千三百四十七晌四畝八分

同治五年奏請開墾隆科城閒荒光緒十四年勘明

納租地三萬七千六百四十二晌一畝九分三釐三毫丈出浮多地六千六百六十二晌三畝六分六釐七毫□年升科續行丈出浮多地四十二晌九畝二分十二年升科

五常廳　夾信溝涼水泉墾地十一萬七千四百零九晌四畝四分九釐　咸豐五年奏准開墾夾信溝涼水泉荒地光緒十四年勘明納租地十萬零三百八十九晌七畝七分九釐丈出浮多地一萬七千零十九晌六畝七分□年升科

雙城廳　滋墾地四萬五千九百五十二晌一畝一

分　咸豐十一年奏請開墾雙城堡賸荒光緒十四
年勘明納租地四萬四千五百四十四晌七畝二分
丈出浮多地一千四百零七晌三畝九分□年升科
毛荒墾地八千一百六十一晌九畝六分　開墾年
分無考光緒十四年勘明納租地七千八百六十五
晌七畝丈出浮多地二百九十六晌二畝六分□年
升科
八千晌納租墾地八千九百五十二晌零零二分道
光二十四年奏准開墾雙城堡近屯荒地八千餘晌
光緒十四年勘明納租地八千七百七十三晌八畝

丈出浮多地一百七十八晌二畝五分口年升科

恒產夾界內墾地九千六百四十二晌零五分　咸

豐元年奏准以恒產夾界內墾成之地九千餘晌勻

撥原佃陳民輸租光緒十四年勘明納租地八千七

百六十晌零九畝八分丈出浮多地八百八十一晌

零七分口年升科

民人周榮滋先後墾地九百九十晌零六畝九分

開墾年分未詳光緒十四年勘明納租地八百六十

八晌丈出浮多地一百二十二晌六畝九分口年升

科

裁撤總管委協領隨缺地光緒十四年勘明納租地
一百四十晌九年升科
拉林所屬墾地二萬八千九百四十晌零九畝　開
墾年分未詳光緒十四年勘明納租地二萬八千七
百五十一晌三畝二分丈出浮多地一百八十九晌
五畝八分八年升科
賸存圈荒墾地二萬三千八百九十一晌二畝七分
咸豐十一年奏准開墾拉林賸存圈荒光緒十四
年勘明納租地一萬七千二百九十九晌五畝八分
丈出浮多地六千五百九十一晌六畝九分八年升

科
板子房墾地四千零零八晌九畝八分　開墾年分
未詳光緒十四年擻明納租地二千五百三十二晌
六畝八分丈出浮多地一千四百七十六晌三畝八
年升科
賓州廳　瑪珽河光緒五年放出生聚教養四牌內
佃戶墾成熟地二千七百五十五晌五畝一分本年
升科又放出生荒內已墾熟地四千三百五十九晌
九畝二分十年升科未墾生荒九千零五十七晌一
畝九分十三年升科又續放餘荒地二千零零六晌

四畝一分十三年升科
阿勒楚喀所屬蜚克圖站迤東圍場閒荒柳樹河子
甬子溝三清宫二道河子大石頭河㫁網等處墾地
十七萬六千二百五十五晌三畝七分　咸豐十一
年奏准開墾光緒十一年勘明納租地八萬四千零
三十五晌八畝一分丈出浮多地九萬一千五百五
十八晌三畝三分
甯古塔　三岔口墾地一萬二千四百餘晌　光緒
七年奏請招民開墾旋設威遠社居仁社由義社講
禮社興讓社十八年造册報部

穆稜河墾地六百餘晌　光緒十一年於穆稜河一帶招民開墾十八年造册報部

琿春　光緒七年奏准墾成琿春地方熟地五千六百二十晌零一畝六分設立春和社春芳社春華社春明社春融社春陽社

南岡地方於光緒七年墾成熟地一萬八千九百三十九晌九畝三分設立志仁社尙義社崇禮社勇智社守信社明新社

五道溝地方於光緒七年墾成熟地三千零七十三晌九畝六分設立春仁社春義社春禮社春智社春

信社

黑頂子墾地一百四十四晌三畝五分　光緒十三年調靖邊營兵試辦屯墾十六年撤兵以地給民

安遠堡屬韓民墾地四千二百四十五晌九畝二分

甯遠堡屬韓民墾地五千二百八十一晌五畝三分　鎮遠堡屬韓民墾地二千二百一十四晌三畝七分

光緒四年將軍銘安片奏再查阿勒楚喀所屬瑪珽川地方兩面大山橫寬數十里自北面山口直達南山綿亙二三百里其中土地沃饒開墾幾遍從前以

險峻難通未經查禁遂致民聚愈衆其頭目宋士修
以信義約束民皆墾地捕牲無敢爲匪該民目等雖
無擾害地方而聲教不通竟同化外若不妥籌安撫
養癰成患甚屬可虞臣等派兵搜山該民目恐干查
究赴吉勝營軍前呈請丈地升科等情前來查瑪延
川民目宋士信既無擾害地方情事亦無爲匪案據
自應一視同仁乘機化導又阿克敦城一帶亦有私
墾地畝前經派員履查據該旗民各戶呈墾領業升
科並願補交荒價等情現在賊氛漸息亦應將私墾
地畝查丈升科妥籌善後事宜臣等現派候選知州

書瑞總辦瑪珽川地畝事務督同各員將荒熟各地逐段勘丈熟地給原墾認領荒地招民承墾均即編造戶口清册以憑查核又派知縣趙敦誠等前往阿克敦城亦將旗民私墾地畝查明造册均令分別荒熟限年升科至蘊黎場展拓之地前已奏奉

諭旨准民認領現飭候選通判王紹元前赴蘊黎場會旗勘立封堆再將所展之地勘丈給照一切章程亦援此次定章辦理以期畫一

光緒七年將軍銘安等奏竊查吉林伊通以南爲圍場再南爲奉天圍場又南始爲山獸滋生之所自奉

天放荒後人烟日稠山獸遠避斷不能越境而至吉
林圍場每逢捕打
貢鮮竟無所獲聞其地多沃壤可資開墾飭據知府李
金鏞等履勘禀稱南荒東自蘇密西至青頂子其間
高原平壤錯立山中者計有二十七處約可墾地十
餘萬晌如與由奉劃回吉林之地一律招墾實於民
業餉源均有裨益等情禀請核辦前來臣等伏念圍
場原爲採捕今山獸不至未便如前封禁況由奉劃
回之荒民墾已久一旦驅逐必致流離若分别或放
或封徒滋居民偷種之弊合無仰懇

天恩俯念吉省南荒圍場無可採捕准其援照奉省請放圍場成案一律招佃認領墾種以安民業而裕餉源

如蒙

俞允再由臣等派員辦理

光緒十六年總理衙門奏查原奏內稱朝鮮流民佔墾吉林邊地光緒七年經前任將軍銘安督辦邊防事宜吳大澂奏准將該流民查明戶籍分歸琿春及敦化縣管轄嗣因朝鮮國王懇請刷還流民咨由禮部轉奏經該將軍等覆准予限一年由該國地方官設法悉數收回復因限期已滿該國仍不將流民刷

還反縱其過江侵佔經前任將軍希元咨由總理衙
門奏准派員會勘乃該國始誤以豆滿圖們爲兩江
繼誤指内地海蘭河爲分界之江終誤以松花江發
源之黄花松溝子有土堆如門附會土門之義執意
强辨仍由總理衙門奏明覆勘續經希元派員勘明
石乙水爲圖們正源議於長水分界繪具圖説於十
三年十一月奏奉
諭旨欽遵咨照該國王遵辦在案乃該國王不加詳考遽
信勘界使李重夏偏執之詞堅請以紅山水立界齟
齬難合然未便以勘界之故遂置越墾爲緩圖現在

朝鮮茂山府對岸迤東之光霽峪六道溝十八崴子
等地方韓民越墾約有數千地約數萬晌此處既有
圖們江天然界限自可毋庸再勘該國遷延至今斷
難將流民刷回應亟祗遵前奉
諭旨飭令領照納租歸我版籍先行派員清丈編甲升科
以期邊民相安等語 臣等查吉林朝鮮界務前經兩
次會勘所未能卽定者特茂山以上直接三汲泡二
百餘里之圖們江發源處耳至茂山以下圖們江巨
流乃天然界限江南岸爲該國咸鏡道屬之茂山會
甯鍾成慶源慶興六府地方江北岸爲吉林之敦化

縣及琿春地方該國勘界使亦無異說韓民越墾多
年廬墓相望一旦盡令刷還數千人失業無依不特
情寔可矜急切亦無辦法若聽其以異籍之民日久
佔住主客不分殊非久計且近年該處墾民疊以韓
官越界征租種種苛擾赴吉林控訴經北洋大臣李
鴻章咨臣衙門有案誠如原奏所云韓員剝削民生
之苦流民服我賦稅之輕是其心悅誠服安土重遷
已可概見現在江源界阯既難剋日劃清則無勘辦
處所似宜及時撫綏以慰流氓歸附之心臣等與李
鴻章往復函商意見相同擬請

飭下該將軍遴派賢員將清丈升科各事宜妥爲經理因
俗施教務令相安毋任操切滋事所有領照納租歸
各地方官管轄一切詳細章程應由該將軍體查情
形奏明試辦

吉林通志卷三十一下

食貨志四 屯田下

雙城堡屯田

嘉慶十七年四月初二日奉

上諭八旗生齒日繁京城各佐領下戸口日增生計拮据雖經添設養育兵額而養贍仍未能周普朕宵旰籌思無時或釋前日舉行大閱典禮各旗營隊伍整齊在南苑先期訓練祇遵約束朕嘉旗人服習教令更念養先於教爲之謀衣食者益不可不周國家經費有常舊設甲額現已無可復增各旗閒散人等爲額缺所限不獲挑食名糧其中

年輕可造之材或閑居坐廢甚或血氣方剛游蕩滋事尤爲可惜因思東三省原係國家根本之地而吉林土膏沃衍地廣人稀聞近來柳條邊外採蔘山場日漸移遠其間空曠之地不下千有餘里均屬膏腴之壤內地流民並有私侵耕植者從前乾隆年間我

皇考高宗純皇帝軫念八旗人衆分撥拉林地方給與田畝俾資墾種迄今該旗人等甚享其利今若仰循

成憲斟酌辦理將在京閑散人陸續資送前往吉林以間曠地畝撥給管業或自行耕種或招佃取租均足以資養贍將來地利日興家計日裕旗人等在彼儘可練習騎射其

材藝優嫺者仍可備挑京中差使於教養之道實爲兩得著傳諭賽冲阿松甯即查明吉林地方自柳條邊外至採蘉山場其間道里共有若干可將採蘉場界址移近若干里自此以外所有閒曠之地悉數開墾計可分贍旗人若干戶並相度地勢如何酌蓋土錐草房俾藉棲止其應用牛具籽種每戶約需若干再該處現有閑散官員是否足資統束抑或須增設佐領驍騎校之處一併詳細妥議章程並繪圖貼說具奏候朕酌度此事經營伊始該將軍等毋得畏難觀望務盡心籌畫以副委任將此諭令知之欽此尋將軍賽冲阿奏臣欽奉

諭旨卽派員弁先往吉林甯古塔距城附近地方查勘緣生
齒日繁近地十里內外早經該處旗人零星開墾亦
無成片之區是以檢查舊案祗有拉林閒荒未墾奏
案聲明往勘酌辦現勘拉林東北閒荒一處自鞍子
山至桶子溝約可墾五千餘晌拉林東南夾信子溝
一處約可墾二萬餘晌雖距阿勒楚喀城四十餘里
至五十里不等而新駐之旗人究難令隔遠之副都
統專管恐不足以資約束乾隆年間初辦拉林移駐
之時曾添設副都統大員在彼專司稽察彈壓嗣於
三十四年裁汰自乾隆九年籌辦起至十九二十五

等年始行移駐就緒非數年即可蕆事近來吉林各
屬收成不豐屢荷
恩旨賑卹蠲緩尤於籌辦移駐之事不甚相宜應請
旨將此項拉林閒荒暫行緩辦容臣等從容熟商妥議於三
五年後查有豐熟之年再行奏辦奉
上諭賽冲阿等奏踏勘拉林可墾閒荒地畝一摺據稱勘得
拉林東北有閒荒一處可墾五千餘晌又有東南夾信子
溝一處可墾二萬餘晌該兩處距阿勒楚喀四五十里不
等恐移駐旗人該副都統難以約束並稱近來吉林各屬
收成不豐請俟三五年後從容籌辦等語又另摺奏請將

三道卡薩里閑荒地畝撥補吉林官莊壯丁除撥給外其餘閑荒不許旗民侵佔每年秋收後請令該管官親往查勘以杜私墾等語移駐閑散旗人以裕生計今既勘明拉林附近有可墾地二萬五千餘晌而三道卡薩里地方除撥補官莊之外仍有閑荒可墾是該省未經墾種曠土甚多與其每年派人前往查管何如一併籌畫使旗人前往耕種俾收地利而成恒產至拉林荒地離城雖四五十里移駐旗人耕作與按期演習騎射者不同亦不必專在近郊如從前拉林專設副都統稽查旋即裁汰至今該處旗人久安生業亦無庸專設大員就近約束若謂該處近年

收成不豐此時原不能即將旗人移駐其一切墾荒計畝章程則須預爲籌辦不必延至三五年後推諉時日著該將軍等即檢查乾隆年間移駐舊案將先期試墾備辦各事宜詳細酌核先行籌議章程具奏候旨遵行會賚冲阿調任成都未及舉辦將軍富俊涖任後於十九年十一月十四日奏言臣檢查舊卷移駐京旗蘇拉蓋房墾地均藉吉林各城兵力趕辦其地但墾而不種雖酌留數人教耕一年裁汰新移京旗蘇拉往往不能耕作始而顧覓流民代爲力田久之多爲民有殊失

我

皇上愛育旗人之至意此時預籌試墾莫若先期屯田通盤
合算應請先於吉林所屬無業閒散旗人内令各旗
共揀丁一千名出結保送作爲屯丁每丁由備用項
下給銀二十五兩官爲置買牛具自行搭蓋窩棚由
阿勒楚喀公倉内賞給籽種穀二石每年給補倒斃
牛價銀一千三百三十六兩於前勘定拉林東南夾
信溝地方每名撥給荒地三十晌墾種二十晌留荒
十晌試種三年後每晌交穀糧一石計自第四年起
交糧貯倉十餘年後移駐京旗蘇拉時將熟地分給
京旗八十五晌荒五晌所餘熟地五晌荒五晌即給

原種之屯丁作為恒產免其交糧亦不補給倒斃牛價如此因利而利並不多縻國帑吉林窮苦旗丁獲沭

殊恩即將來京旗蘇拉移駐到吉得種熟地與本處旗屯衆丁犬牙相錯易於學耕夥種殊於移駐有益所有屯田出入各數及設官管理章程十條並屯丁用款繕單呈

覽一種地屯丁千名應設官彈壓及辦理一切事件擬設委協領一員總司其事由吉林十旗佐領內揀選調補其佐領缺即令無兼佐領之協領署理由防禦內揀

選二員作爲委佐領每員各管一翼由委官及世職
七八品監生內選擇二員作爲委驍騎校隨佐領辦
理一翼屯丁事件呈委協領由委協領核轉詳報阿
勒楚喀副都統衙門辦理咨報將軍衙門防禦並無
專司之事毋庸補設如挑委官所出之缺仍食原餉
仍由領催前鋒內挑補至委協領佐領驍騎校管理
屯丁千名應請照委更換頂帶以資彈壓食原俸餉
一委協領佐領處應設辦事應役之人委協領處擬
給領催二名甲兵二十名委佐領處每翼領催二名
甲兵十五名領催甲兵共五十六名即在吉林五十

六佐領下每佐領各出一人充補以上均作爲該處額缺一委協領管理有方除墾荒外初次三年屯丁全交糧石即補吉林協領以後定以五年全交糧石即補吉林協領所出之缺由委佐領內揀補委佐領出缺由委驍騎校內揀補所出之缺由六名領催內挑補以示鼓勵並資熟手其領催之缺由五十名甲兵內挑補以上各項如不得人仍由吉林各旗佐領防禦監生委官內揀選補放一馬甲挑補領催事故出缺以該兵之子弟並八旗屯達內揀選充補一屯丁出缺由伊弟兄子姪內挑補俾所種地畝可作恒

產不致視爲傳舍潦草從事四丁合一具應令四人
互相結保如有逃懶等事同具互保人應即報明仍
挑伊子姪弟兄充補不得藉詞有廢耕作致悞交糧
一委協領等官初到無所棲止委協領擬給房十間
佐領各給房八間驍騎校各給房六間領催六名各
給房四間甲兵五十名各給房三間以上共房二百
一十二間每間給價銀十兩聽其自行建蓋居住官
爲建蓋辦事公所草正房三間草廂房三間大門一
座土院園墻一道共估需銀二百二十兩以上共用
銀二千三百四十兩只給一次一委協領等官初到

口糧新紅紙張不無需費協領一員擬給荒地四十晌佐領二員擬各給地三十晌驍騎校二員擬各給地二十晌領催六名擬各給地十晌甲兵五十名各給地八晌以上共合地六百晌以省動項均作爲隨缺官地永遠不准典當滋弊一屯種八旗應按左右翼分方立屯鑲黃正黃每旗屯丁一百二十八人合牛三十二具其餘六旗每旗屯丁一百二十四人合牛三十一具每旗設立五屯每屯設十家長二人屯達一人五屯設總屯達一名俱由屯丁內揀選充補以資約束有事禀官辦理一委協領佐領有呈報一

切事件請給委協領關防一顆及左右翼佐領圖記
二顆以昭信守一第四年開徵每年收穀二萬石應
修蓋倉廒合貯二萬石穀數來春即照市價每石減
銀一錢出糶價銀即解吉林銀庫另款存貯以備將
來移駐旗人蓋房等項使用俟開徵之頭年另籌建
蓋至於屯田用款計屯十四名合牛一具用牛四條
每條價銀八兩共合銀三十二兩喂牛黑豆每牛每
日二升三月起至八月止共六箇月喂黑豆十四石
四斗每石價銀一兩共合銀十四兩四錢喂牛草每
牛每日四束六箇月共合草二千八百八十束每束

合銀三釐共合銀八兩六錢四分窩棚一間合銀四兩井一眼合銀二兩四錢三十八合一眼犂杖一付合銀五錢鏵子二條合銀六錢犂碗子一箇合銀五錢干斤一付合銀四錢㩦扒信子一箇合銀二錢五分鋤頭四把每把合銀四錢共合銀一兩六錢鐮刀四把每把合銀一錢二分共合銀四錢八分钁頭一把合銀四錢大斧子一把合銀四錢鐵鍬一把合銀二錢石磙子一箇合銀一兩七錢磨一盤合銀二兩碾子一盤合銀四兩車二輛每輛合銀三兩二錢四分共合銀六兩四錢八分鍘刀一把合銀一兩八錢

大鋸一把合銀二錢七分鏟子一把合銀三錢鏨子一把合銀一錢九分大礳石一塊合銀五錢口袋四條每條合銀四錢共合銀一兩六錢鐵鍋一口合銀一兩五錢大缸一口合銀四錢盆子一套合銀二錢五分碗四箇合銀八分盤子二個合銀六分蓆子一領合銀三錢白布四疋每疋一兩五錢共合銀六兩叺喇四雙每雙合銀二錢共合銀八錢口糧二石每石合銀二兩五錢共合銀五兩以上共合銀一百兩每丁合銀二十五兩又屯種擬用銀糧合計十年出入總數查種地屯丁每名買牛置買農具一切給銀

二十五兩屯丁千名計用銀二萬五千兩只給一次耕牛一千條照官例牛六條每年准倒斃牛一條計一年倒斃牛一百六十七條每條價銀八兩共合銀一千三百三十六兩初年不給以九年計合銀一萬二千零二十四兩屯丁千名共賞給籽種穀二千石每石作價銀六錢共合計銀一千二百兩只給一次協領等官以及兵丁蓋房二百一十二間每間給價銀十兩及蓋辦事公所房七間合銀二百二十兩共合銀二千三百四十兩以上共合用銀四萬零五百六十四兩屯種十年初墾三年不交糧石第四年起

徵每丁交穀二十倉石屯丁千名一年應交穀二萬石計七年共交穀十四萬石每石約計價銀五錢計四萬石共合銀七萬兩除十年除用銀四萬零五百六十四兩外計餘銀二萬九千四百餘兩再種十年只用倒斃牛價銀一萬三千三百六十兩得穀二十萬石合銀十萬兩除補牛銀外仍餘銀八萬六千六百餘兩奏入其月二十六日奉

上諭據富俊等奏預擬試墾章程並將屯田出入各數屯丁用款開單呈覽此項試墾地畝需帑無多將來開墾成熟後移駐京旗閑散與本處旗屯衆丁錯處易於學耕夥種

不致僱覓流民代耕啟田爲民佔之弊其單內合計十年用銀四萬零五百兩其試墾之第一年祇須銀二萬八千餘兩即可興辦著即照所議挑選屯丁一千名由該處備用銀兩內撥給牛價等項公倉內撥給穀種如法試墾富俊現准來京陛見著松甯先行經理俟富俊回任後一切會同妥辦此事創行伊始務須計畫周詳督率各屯丁勤習耕作並隨時認眞稽察如一年辦有成效則積至十餘年後所得租穀糶價大可裕旗人生計若仍令僱民代墾或將地畝私行租佃久之悉爲流民佔據將來移駐旗人時無地可耕則該將軍等辦理不善咎有攸歸斷不寬恕

其所議按年徵租及派撥官兵約束一切章程均著照所議辦理欽此二十年富俊奏言臣等請將拉林夾信溝閑荒揀丁屯種試墾各事宜仰荷
恩允臣於四月初六日帶同各委員前往詳勘查原勘之荒地雖沃衍大勢窪下前勘時詢悉秋深草茂未能辦别試墾創始必須詳慎隨復往阿勒楚喀拉林之西北八十里之雙城子一帶東西約有一百三十餘里南北約有七十餘里地土平坦洵屬沃衍可備移駐京城閑散旗人二三千戶之用揀查舊檔乾隆四十三年前任將軍福康安具奏繪圖進呈奉

旨知道了此事交軍機處存記緩辦欽此臣當即在此地適中之處暫行駐札派令各委員週圍履丈分撥通計四丁四牛之數俾得同力合作核算成屯每旗設立五屯鑲黃正黃二旗每旗住屯兵一百二十八戸計住二十四戸者三屯住二十八戸者二屯其正白正紅鑲白鑲紅正藍鑲藍六旗每旗住四十四戸者四屯二十八戸者一屯共滿洲屯兵一千名每戸房基東西寬二十丈南北長二十丈屯丁寬用九丈留十一丈以補將來留住京旗蓋房之用每屯房分三路住二十八戸屯東西寬計用二百丈住二十四戸屯

東西寬計用一百六十丈南北長俱六十丈每屯街道寬五丈巷一條寬三丈共估用六十八丈除房基街巷外每屯丁核計荒三十大晌各按左右翼附屯分撥至東西左右翼之界中建蓋公所及協領住房左右翼官住房各領催兵房悉照奏款留基之外分給官兵隨缺荒地仍在公所附近留建倉地基計共用見方三十四里所用一切農具先已飭交同知採買成造現於勘定處所開井相度水道應用耕牛一千隻派員前往邊外採買分起趕緊赴墾所總須本年補齊給丁先爲運木割草搭蓋窩棚使用採取木

植卽由莫勒拉林河上游砍運請於明春一律間段開墾飭令該管官督察勤惰催耕該屯丁等自必感激

天恩漸有成效所有現勘試墾之拉林西北雙城子卽名爲雙城堡並咨行阿勒楚喀副都統派委協領各官設立封堆繪圖呈報存案五月十四日奉

上諭富俊等奏請勘分荒試墾事竣一摺拉林西北雙城子一帶地土沃衍經富俊親往查勘派員履丈現擬每旗設立五屯共屯丁一千名一切農具耕牛等項已分別採買於本年備齊明春一律開墾並據繪圖進呈朕詳加披覽

所擬闢屯試墾章程尚爲周妥著照所奏辦理該將軍等
惟當隨時督察認眞經理以期漸有成效至摺內稱現在
所勘之地可備移駐京城閑散旗人二三千戶之用該將
軍等前奏稱自試墾第四年交糧起七年交穀十四萬石
每石約價銀五錢可得銀七萬兩除十年用項外餘銀二
萬九千餘兩十餘年後即可以移駐京旗閑散等語著該
將軍等於試墾收糧辦有成效後察看可以移駐京旗之
時毋庸奏請同時並往當酌定起數如移駐一千戶分爲
數年陸續前往庶辦理較有次第資遣亦易爲力也將此
通諭知之欽此二十一年富俊奏言臣等於去年奏請於

吉林等處閒散旗人内揀選一千名賞給牛具籽種
口糧撥往雙城堡每人給地三十晌令其墾種三十
晌於二十四年起徵每晌交納穀糧一石出糶之價
預備移駐京旗蘇拉之用仰蒙
俞允當郎揀委官兵購買牛隻籌辦農具口糧揀派旗丁五
百名赴山砍木搭蓋窩棚以備今年耕作其餘五百
名於今春二月遣赴雙城堡令其開墾屯種去後據
該員委協領明保等屢報屯丁脫逃臣等嚴加究問
據各供稱丁等本皆窮苦所有屯田牛條農具一切
均係官爲備辦丁等並未得有分文拮据難度是以

逃出在外傭工圖得現錢並因妻子在家無養繫念衣破乏人縫補逃回是實委無别情等語 臣 等查各旗出派屯兵多係窮苦無業間有不肖之徒習慣惰懶當即剴切曉以

聖恩使安分者得有生計之路其違令擅逃者分别嚴懲另行補派督催上緊耕作緣今春雨少地乾開墾費力合計本年每丁只各開地一晌餘至二晌不等幸夏秋雨水調匀所種禾稼暢茂正在有望豐收不意阿勒楚喀拉林雙城堡等處於七月十四五日連降大霜禾稼受凍 臣 即親赴拉林阿勒楚喀雙城堡一帶

查勘拉林阿勒楚喀雖被霜較早籽粒欠實幸麥秋
豐稔合計收成尚有五分餘勘不成災惟雙城堡係
初開生荒又無麥收顆粒空虛合計收成止有四分
已屬成災所打穀糧僅敷當年糊口明春尚須接濟
且無力另僱長工不能多開地畝合無仰懇
聖恩請將二十四年起徵之年糧遞緩一年展於二十五年
徵收明春在於阿勒楚喀倉貯穀石內借給口糧籽
種二千石責令秋收後照數還倉以資接濟再臣親
赴八旗各屯查驗衆丁跪懇僉稱丁等四人合牛一
具賞銀四兩搭蓋窩棚一間無人做飯看家應開地

多不能四人同力耕作茲將家口帶來房不能容丁
等又皆無力自蓋叩求每人賞給窩棚一間俾將妻
子接來看家做飯有人亦免牽挂無妻眷者僱工幫
墾亦有棲所得以盡力開墾不致悞課等語　臣詳細
體察係屬實情查原議四人一具給銀四兩蓋窩棚
一間四人同住實不能接取家口甚至屢逃於屯種
無益若每人各給一間屯丁千名除前已給二百五
十間外仍須添蓋七百五十間每間銀四兩計共用
銀三千兩即於庫存備用銀內動支計種十年糶穀
之價足數歸補所動原款奏入奉

上諭富俊等奏雙城堡開墾地畝被霜一摺已明降諭旨照所請施恩矣雙城堡地方本係生荒經富俊奏請開墾適被霜災業已量爲調劑但該將軍摺內有屯丁報逃另行補派之語該處初經開墾氣候早寒屯丁等一切俱未熟悉試種二三年歲有收獲自可以漸加墾闢儻其地實不宜於種植徒勞無益即當據實奏明另行籌畫不可固執已見以奏准在前意存迴護也尋富俊奏言　臣伏查雙城

堡地屬平原黑土實爲膏腴之區是以相度區畫核

定章程奏蒙

俞允洵爲八旗窮丁生路兼可預植移駐京旗之根基第係

初墾生荒未免費力新撥屯丁間有窮乏習慣懶惰
乘便脫逃並非地不可耕雙城堡地方與拉林伯都
訥接壤寒暖較吉林不相上下昨　臣　富俊前往履查
見勤苦耕作者積草儲糧頗有熙皡氣象當即酌賞
獎勵僉稱荷蒙
皇上厚恩賞給美地窩棚牛具農器口糧纖悉皆備雖父母
愛子未必能如是周全其懶惰偷安以及脫逃之丁
隨時具報責懲分別更換補額訪得寔情遂有添蓋
窩棚暨支借籽種糧石之請現叨
鴻慈恩准並寬限起徵則稍有天良務本者計地生財固日

臻起色即最苦畏縮者亦必有所觀感效法趨公家計漸裕剗所撥之地毫無沙窪三四年後定成樂土臣斷不敢以預畫久遠之計而作一時廻護之思以致將來窒碍難行轉爲後來接事者藉口地步惟是生荒初墾較之熟地用力原屬天淵適遇霜災糧粒不齊故在附近已熟之地勘不成災而在生荒甫墾之區未免減色疏入報

聞二十二年富俊調任

盛京將軍復奏言八旗數十萬衆聚集京師不農不賈皆束手待養於官勢不能給再四思維惟有移駐屯

田因天地自然之利使自耕種爲養方資久遠之計
因查雙城堡尚有荒地二分未墾擬於
盛京吉林八旗無論滿蒙漢軍各項旗人內挑丁二千
名置買牛條器具刨窖井眼搭蓋窩棚於二十五年
春正月前往墾種名爲雙城堡左屯右屯將前屯處
所名爲中屯其一丁一牛竭力耕作一年止能種地
十晌必須丁力稍裕加僱牛條長工方能開足二十
晌中屯所墾之地請於二十五年先徵十晌糧石其
餘十晌再緩二年至二十七年升科以裕丁力新墾
之地二十八年升科先徵十晌糧石其餘十晌請於

三十年一律升科除建蓋房間外其餘一切均照初
次設立章程畫一辦理共屯丁二千名每一丁搭蓋
窩棚一間應用牛隻器具等物合銀二十兩共需銀
六萬兩屯田官兵住房辦事公所共計房三百二十
間應需銀一萬一千二百兩每年支給補買倒斃牛
價銀二千六百七十二兩外發給一年籽種倉穀四
千石以上統計需銀七萬三千八百七十二兩即在
吉林庫存備用銀內動支若俟糶穀之價歸款需時
較久請在吉林及奉省蔆餘項下先行陸續歸款至
移駐京旗不必盡待糶穀價銀辦理二十八年起每

年移駐二百戶爲一起每戶用蓋房銀一百二十兩
由京起程賞給治裝盤費銀三千兩雙城堡置買牛
糧器具銀五十兩每起共用銀四萬兩暫由吉林備
用銀內動支由雙城堡糶穀價銀吉林奉省蓡餘銀
內歸款每戶給車一輛由順天府僱送至奉省照數
補辦轉送至雙城堡車價均照例報銷計十五年即
能陸續移駐三千戶該蘇拉等各得田產安居樂業
內可分八旗戶口之繁外可聯邊城鞏固之勢擬給
官兵心紅隨缺荒地數目及每戶應給房地牛條器
具分則開單呈

覽奏
旨著交松筠詳查妥議具奏俟定議後再行會同富俊辦理
將軍松筠議奏每丁添給砍木衣履搬家遷費車輛
並按年給與種地接濟銀兩奏
旨富俊現已調任吉林將軍著將松筠所議章程再交富俊
覆加核擬松筠所定銀數是否豐儉各宜屯丁得此是否
即可養贍家口盡心開墾務期國帑可以按限歸補不致
多糜而於旗民生計亦寔有裨益方為經久良策富俊奏
言詳核松筠所議添給砍木盤費衣履並遷費銀兩
前未籌及似應增添奉天金州復州等處至吉林雙

城堡將及二千里窮丁自力前往誠有不逮每丁擬
給遷費銀八兩其吉林各處至雙城堡不過二三百
里亦擬給銀八兩未免遠近漫無區則吉林屯丁每
名應給銀四兩又請添給每丁車一輛查莊農八家
多係一車二牛服駕一具四牛前已給車二輛足敷
使用似可無庸再行添給至升科既請照旱地第六
年徵租該屯丁等已有花利不必按年給與種地間
荒接濟銀兩以重帑項而昭核實以上每丁核計需
銀四十七兩零四分五釐其奉省撥派官四員遠赴
雙城堡每員請給遷費銀十二兩領催兵四十名每

名遷費銀八兩吉林撥派官四員領催卡兵四十名
應照奉省減半給與前設中屯屯丁多未攜眷請給
遷費銀四兩其餘無庸增減建蓋新添二屯屯田官
兵住房辦事公所共三百二十間應需銀一萬一千
二百兩買補屯田兩分倒斃牛價預買之年二千頭
內即間有倒斃請於開墾之年支給以十年合計需
銀二萬六千七百二十兩連前開中屯荒地屯丁遷
費一分共需銀四萬六千三百六十兩統共三分荒
地以十年合計共需銀十七萬八千九百二十六兩
三分荒地自升科徵租起算每年得穀六萬石每石

照奏定原價減銀一錢以四錢爲準出糶計至十年
可得穀價銀二十四萬兩較前動支數目有盈無絀
至現動銀兩俻項攸關不可久懸請於吉林蔆餘項
下按年抽收先行歸補計十年所得穀價另存備用
至開墾徵租年分委協領佐領等改補實任裁撥兩
省官兵增給鹽菜薪紅砍木蓋房等事均請照松筠
所擬及　臣
前議章程辦理應用各款銀數繕單呈
覽皆下部議行時二十四年二月十六日也富俊尋奏言　臣
接奉
諭旨即派員先赴雙城堡分丈左右二屯地基並咨

盛京將軍將應撥雙城堡左右二屯閑散千名並彈壓
佐領二員驍騎校二員領催甲兵四十名內均照奏
定章程先酌派佐領驍騎校各一員領催二名甲兵
十五名帶領閑散五百名於四月內由奉省起程五
月初一日以內至雙城堡飭令蓋搭窩棚安置棲止
以備次年墾種其應給遷費銀兩咨行
盛京戶部就近在該處發給並咨禮部鑄給雙城堡政
爲寔任協領關防中左各三屯六翼佐領圖記開寫
官兵住房辦事公所房間式樣派員發給銀兩購材
趕緊修蓋以備官兵到時棲止及發交理事同知銀

兩照奏定款單置買一切器具驗妥運交雙城堡協
領佐領等查收以便屯丁到屯發給派員前往黑龍
江採買耕牛二千頭限於九月内趕赴雙城堡牧養
以備次年春融耕墾臣隨於九月間攜印親往查勘
一切就緒並發給每丁棉衣棉褲宣諭
皇恩深渥俾衆丁咸知勸勉力田云云又請以原任甯海縣
知縣竇心傳照直隸廢員辦理營田之例令其前赴
吉林雙城堡勸課屯丁三年期滿照例送部引
見奏入
允之竇心傳者山西人嘉慶辛酉科進士改庶吉士散館授

知縣選任江西新淦調豐城丁憂起復揀發奉天題
補甯海縣知縣奏署承德縣二十三年以承修
陵荖道段泥濘被參革職富俊知具有才有守故特薦之遂
調取到吉委令勸課屯丁籌議一切屯務二十五年
春奏言新立左右二屯所撥
盛京吉林旗丁一千名均已到屯派員前任同該翼佐
領按名分交地一段三十晌並令於開墾時計地二
段横直俱留六尺荒隔一條以備開齊地畝秋收拉
運禾稼毋得任其連段開墾日後致啟爭競並繪圖
劄令該管協佐領等分交各丁云云五月復奏言臣

於嘉慶二十三年奏准在
盛京吉林各項旗人內挑選蘇拉二千名開墾雙城堡
左右二屯荒地隨於二十四年咨取
盛京旗丁五百名酌撥旗丁五百名前往砍木蓋房
盛京旗丁五百名內多有親族隨來帮同工作因見此
處田地肥美紛紛呈懇情願來屯墾種核計吉林各
城丁數酌撥甯古塔之蘇拉往往潛逃詢因甯古塔
山深林密該蘇拉等多藉打獵爲生彼處地亦肥美
可耕不願輕離鄉土亦係實情　臣隨將甯古塔蘇拉
全數送回咨明

盛京將軍於該省情願前來墾地旗人內多挑蘇拉二
百餘人以補甯古塔蘇拉遺缺不必拘定一千之數
嗣經該將軍挑選足數隨同本年應來蘇拉五百名
陸續咨送到屯卽以甯古塔蘇拉繳還遷費銀兩發
給毋庸增添其餘吉林各城蘇拉亦據各該旗佐具
報如數攜眷赴屯在案臣巡查各城完竣由拉林就
近赴雙城堡二屯挨次逐旗查勘旗丁等比屋環居
安土樂業合具者多係一旗同屯者半屬姻親犬牙
錯壤鱗次分疆頗有井田遺風該旗丁等莫不扶老
攜幼跪誦

皇仁臣諭令孝弟力田安靜守法卽所以仰答
天恩隨至中屯履畝查勘麥苗已皆長發正值播種之期男耕婦饁俱極勤勞臣皆酌加奬犒同環周歷千數百里經十三日而始畢謹將分撥二屯地畝段落繪圖貼說並籌議數款附片恭呈
御覽奉
硃批滿洲故里佃田宅宅洵善事也欽此又奏言三屯應增條款五事一每屯應添井一眼以裕食用也臣原奏試墾雙城堡屯田每三十丁井一眼每四丁合銀二兩四錢嗣因每旗設立五屯每屯二十四丁二十八

丁不等挖井一眼牽合二十五戶一眼仍以每四丁
二兩四錢之數合算每井一眼工料銀十五兩三屯
挖井一百二十眼共用銀一千八百兩惟中屯撥往
旗人僅止一丁帶領本身妻子井水尚敷食用今設
左右兩屯
盛京撥來屯丁每戶父子兄弟男婦多者十五六口少
者亦七八口不等詢知此處地甚肥美多願跟來充
作幫丁現在該丁等自行添蓋窩棚居住每屯多至
一二百人加以官給耕牛並飲自畜驢馬往往不敷
日用嗣後生齒漸繁移駐京旗亦須添挖現在中屯

管理屯丁三千戶詞訟案牘紛繁兼隨關防請照琿春之例協領處添設無品級筆帖式二員中左右三屯佐領處各添設無品級筆帖式一員辦理一切案件協領處並請添設委官二員中左右三屯佐領處各添設委官一員以資差委稽察各屯事件均於領催甲兵內擇其通識清漢文字者補放筆帖式照例准支米石各食本身錢糧毋庸另行增給其委官並不支領米石仍食本身錢糧一總屯達應給虛銜工食以資彈壓也臣原奏每旗設立五屯每屯設立十家長二人屯達一人五屯設立總屯達一人原令其

約束屯丁查報滋生戶口及倒斃耕牛並年滿催納
糧石戶衆人繁彈壓非易且遇事應赴公所呈報均
須盤費毫無鼓勵徒多差使人皆視爲畏途請照拉
林之例總屯達各
賞戴金頂外每人月給工食銀一兩共二十四人一年兵
用銀二百八十八兩遇閏增給銀二十四兩亦在蔆
餘項下動支報銷一賞銀應准由管理三屯協領處
支存以示體恤也臣原奏三屯設立領催十六名甲
兵一百二十名遇有婚喪事件例得
恩賞銀兩向係臨時本佐領呈報該協領申詳副都統轉咨

臣衙門給咨未免稽遲不能濟急准其支領銀三百兩存貯中屯協領公所由協領就近照例給領催隨時呈報查核統於年終造送册結彙辦每年除去用項仍補足三百兩之數令該協領每季將實存之數出具印結以杜挪用侵食之弊奏入旨

允之又

諭曰富俊於吉林開墾屯田一事鋭意辦理令雙城堡所墾地畝已有成效盛京閑散旗丁視爲樂土紛紛呈請願年耕種其續行籌議條款亦俱周妥洵屬實心任事富俊著交部議敘欽此議上又

諭旨部議給予紀錄二次不足以示優獎著賞加一級欽此

富俊尋奏言臣慶飭雙城堡協領佐領督催開荒種

熟原任知縣寶心傳挨屯確查勸課左右二屯新撥

屯丁均各安靜樂業惟中屯屯丁內間又有搬移家

眷及攜農器脫逃者查明無眷者催令該旗派兵送

屯俾令完聚脫逃者令該旗佐領挑補有眷旗丁送

屯嘉慶十九年初奏設立諸多從簡每丁合銀二十

五兩四丁窩棚一間嗣復奏明每丁賞給窩棚一間

遷費銀四兩器具內如缸鍋鍬钁等項均須四八一

分現各接取眷屬勢不敷用連年豐收糶賣穀賤無

力添補查有歸補屯田項下賸餘銀二萬四千餘兩
請以二萬兩分交殷實舖商每月一分生息酌量添
補中屯屯丁器具五年歸還原款每年用項取具雙
城堡協領等册結印領送部核銷以歸核實人少不
能多種牛少不能多開地畝三屯屯丁雖皆攜帶家
眷弟男子姪在屯幫作均無力添買牛條仍不能多
開地畝議於節省備存銀內動用銀一千一百三十
七兩六錢咨令伯都訥副都統派員採買乳生二百
四十條分給三屯種地多有幫丁之屯丁喂養俾資
利耕以裕孳生小牛酌賞種地多之屯丁中屯於嘉

慶二十一年設立除因霜災展緩一年應於道光二
年起徵租左右二屯嘉慶二十五年添設應於道光
五年起徵相三屯旗丁三千名每名穀二十倉石每
年共徵租六萬石來春出糶自道光四年起每年移
駐二百戶每戶除由京賞給治裝盤費銀三十兩外
其蓋房一百二十兩置買牛條器具銀五十兩暫由
吉林備用銀兩項下動支以抽收蔭餘及糶穀價銀
陸續歸款不致虛縻咨項道光二年砍木備料三年
修蓋二百戶住房八百間四年正月移送閑散二百
戶每戶閑散應給房地牛條器具及添設官兵建蓋

公所一切章程繕單具奏奉

旨富俊奏自道光四年爲始每年移駐京旗二百戸分爲四起送屯該處預於道光二年伐木築室撥戸給與房間每畝牛具盤費等項逮及纖悉並移駐後添設官兵蓋房給地及該官兵升調挑補各事宜其計畫甚爲周備均著照所議辦理其摺單著發交八旗滿洲蒙古都統副都統等各曉諭所屬旗人使知遷移之樂願移駐者各報明本旗屆期咨送授產力田以厚生計不得以桀驁不馴之人充數致擾淯風各該旗仍將報明之戸咨報戸部每屆年終先行具奏一次欽此道光元年正月富俊又奏言臣安設

左右二屯旗丁二千戸妥立章程屯丁俱各安業所有砍木相度地勢蓋房招募商人就近立窯燒造甎瓦及赴屯開鋪造辦器具以省運費種種一切均須籌議調度尚賴寶心傳經理懇將寶心傳知縣原銜開復以示鼓勵俾有頂戴辦理一切較爲得力俟移駐京旗安妥後送部引

見

允之又奏言雙城堡官兵擬給隨缺地畝原爲俾資當差但地因隨缺該官兵等無力開墾亦難强使必行至令空有隨缺之名不得地畝之益查乾隆十三年大學

士公訥親等議覆
盛京將軍達爾黨阿奏隨缺地畝章程每地十晌給牛一犋估銀九兩置買犂鏵等項估銀一兩共用銀七萬餘兩在生息銀兩利銀內加展扣還在案所有三屯地畝協領一員八十晌佐領六員每員五十晌驍騎校六員每員三十晌領催十六名甲兵一百二十名每名二十晌以上本地官兵一分共三千二百八十晌加京旗官兵一分共六千五百六十晌援照盛京章程每地十晌賞給牛犂等項銀十兩共需銀六千五百六十兩暫在抵補費用蔓餘項下先行動支

在於前次奏准添補中屯農器動用賸餘銀三萬兩
加展生息三年所得利銀内歸款不動帑項並撥照
移駐阿勒楚喀拉林蘇拉滿洲成案每年應派砍伐
蓋房木料兵二百名按各城差務繁簡兵數多寡核
計每年阿勒楚喀拉林派兵一百名輪派吉林兵四
十名伯都訥兵四十名烏拉兵二十名以足二百名
之數至道光二年冬派寗古塔兵五十名三姓兵五
十名均與阿勒楚喀拉林二處官兵會同核計木數
砍伐運交按年以次輪派照數發給鹽菜銀兩各城
出派砍木官四員每員請給鹽菜銀十二兩又奏言

移撥兵丁雖有隨缺地畝乃係隨缺交代若遇老病
事故革退便無容身糊口之處今擬將雙城堡北面
間荒東西展長一百二十七里南北展寬五里挖立
大封堆一百二十七箇分定荒界以備日後退革兵
丁作爲恒產均
允之二年四月復奏曰臣於道光元年具奏籌議雙城堡開
墾屯田移駐京旗閑散一摺自道光四年起每年移
駐二百戶每戶給房四間週圍泥堞院墻一道寬十
一丈長二十丈除派官兵砍伐木植每間給鹽菜銀
二兩外每間工料運脚連牆合銀三十兩又建蓋公

所官兵房屋採買木植在內每間連牆合銀三十五
兩由備用銀內動支仍於糶穀價銀及蔓餘項下歸
款俟奏銷時在備用蔓餘項下照例報銷奏蒙
允准在案旋准工部咨開令將每年應建房間數目需用工
料銀兩丈尺做法按年造册題估工竣照例造册題
銷等因咨行前來臣等查例載乾隆三十九年奉
旨新疆一帶修建工程均係撥派兵丁砍伐木植築打土方
支給該處耕種所收米麪青稞等項較之採買物料僱覔
匠夫者本屬減省今烏魯木齊新建滿兵城房工程既較
內地應用銀數有減無浮又何必復照內地之例核算所

有用過銀兩即著照數准銷毋庸再行交部查核嗣後新
疆等處工程派撥兵丁及砍伐木植修建者俱不必照依
內地定例核銷欽此又查
盛京養息牧開墾屯田修建官兵住房每間估銷銀一
百八十餘兩吉林向辦工程每房一間亦估銷銀四
十九兩零此次奏准建蓋移駐京旗閑散居住官房
工程派兵砍木修建與新疆等處工程事同一例較
定例應用銀數減至倍餘且此項動用銀數仍俟將
來墾地各屯丁交納糧石出糶所得穀價銀兩及蕩
餘銀兩如數歸補原款非開銷正項可比自應比照

新疆之例毋庸題估題銷咨覆工部去後茲准部咨
所用銀兩較之內地例價有減無浮自係實在情形
但查乾隆三十九年
諭旨係專指新疆而言今未奏明向無辦過成案應由該將
軍自行奏明以便辦理等因前來謹查此項工程臣
詳細籌核節省帑項每間價銀三十兩仍令工員保
固十年較前吉林建房准部銷價每間四十九兩仍
節省銀十九兩若再題估題銷造册等項之費無出
臣等應請即照新疆之例毋庸造册題估題銷
上諭富俊等奏雙城堡建蓋官房請免題報估銷一摺此項

建蓋移駐京旗閑散官房工程前經該將軍奏准由備用銀內動支仍於糶穀價銀及蘉餘項下歸款非開銷正項可比著無庸造册題估題銷別項工程不得援以爲例道光二年六月十六日奉

上諭據松筠奏遵旨查勘雙城堡屯田情形摺內稱雙城堡此次開墾屯田中屯一千丁多係旗丁自行耕種其僱覓民人幫工及分種者二十一戶雖無私行租典之事惟間有在封堆內攜帶家眷者請旨勅禁等語著富俊即行出示嚴禁以杜民占旗產之漸至另片所奏查勘伯都訥圍場現在封禁設立封堆四百一十個委無民人在內私行

開墾之處並著富俊隨時查察嚴禁私墾無得日久疏懈
致滋流弊將此諭令知之欽此尋富俊奏言臣查伯都訥
圍場設立封堆嚴禁私墾並咨伯都訥副都統責成
旗民地方官不時嚴查按季結報查核業於本年閏
三月奏蒙
聖鑒在案至雙城堡屯田嚴禁民人私典於二十年設立之
始即剳飭該管官嚴查違者撤地追價仍治以應得
之罪亦在案茲奉
諭旨欽遵再行分別示禁並嚴飭雙城堡協領詳查屯田界
內除僱覓隻身民人作工不禁外如有攜眷居住者

立即驅逐具報仍令每年年底出結以杜私占旗產之漸惟是臣初設雙城堡原係由拉林管轄閒荒內撥出地界南北七十餘里東西一百三十餘里四圍設立大封堆以別拉林雙城堡兩協領分管界址嗣因分設左右二屯又將中屯與左右二屯分界各設立小封堆以別雙城堡三屯佐領分管界址其小封堆以外大封堆以內閒荒仍留作本地官兵及京旗官兵隨缺地畝之用此項地畝隨缺交代若兵丁老病事故退革便無容身糊口之處續開北面閒荒東西展長一百二十七里南北展寬五里挖立大封堆

一百二十七箇以備退革兵丁恒產之用此雙城堡封堆之形勢也其小封堆以內皆係旗丁之產未便民人雜處早經逐出屯田界外而大封堆以內先係拉林管界其嘉慶十五年奏准入丁陳民未便全行驅逐隨於所居周圍挖界止許墾界內數晌以養身家不准越占官荒於嘉慶二十年四月內奏蒙

聖鑒又官兵隨缺地畝各有差使不能自種懇

恩賞給農器招佃開墾限三年一律開完於道光元年七月內奏蒙

諭允各在案入丁陳民此地即其土著承種隨缺佃戶有家

乃不至欠租潛逃且小封堆以内旗丁旣須僱工大
封堆以内若無民戶一遇農忙添工僱覓於百數十
里以外誰肯遠來相就此小封堆以内斷不可容留
民人而大封堆以内斷不能不容留民人之情形也
但除原有人丁陳民及承隨缺地畝佃戶仍不准增
添一戶此兩項民人如有指地借錢私典等事仍照
前禁撤地歸旗追價入官仍行治罪其誰肯銀地兩
空自罹法網奉

旨知道了欽此十二月復奏言臣頃於九月初一日奉

上諭松筠奏調劑雙城堡屯田情形將酌擬各款内先行覆

奏二款請旨遵辦一摺所奏是吉林雙城堡開墾屯田移駐京旗前經松筠查勘情形奏請調劑已降旨令該將軍於到任後將陳奏各條逐加詳覈務期妥善茲據該將軍查明該處中屯地畝已經墾種之地共六千五百餘晌應照六年陞科之例令其納糧惟此項地畝內有因屯丁殘廢病故脫逃另補以致已開復荒續挑之丁到屯未滿六年自未便令其一體完納著該將軍詳細確查其實屆六年者即著於本年秋收後按晌納糧餘著暫行展緩俟承種屆滿年限再行照辦至修蓋京旗住房原不應預備過多致有閒曠損壞著照該將軍所請先按現願移駐京旗

戶數修蓋住房此外均著緩辦將來京旗續有咨報移駐之戶由戶部知照該將軍再行興工亦不致遲誤松筠接奉此旨即移知富俊遵照辦理其餘各款松筠到任後仍遵前旨體察情形悉心籌酌務俾屯丁農務移駐京旗兩有裨益方爲盡善將此諭令知之臣跪讀之下仰見

皇上節用愛人之至意伏查雙城堡移駐京旗閑散砍木修工置辦器具歷經奏明給發過承辦各員銀三萬六千三百四十五兩茲奉

諭旨遵卽劄飭承辦各員去後嗣後雙城堡協領舒精額禀稱中屯屯丁開種地六千五百餘晌查據册檔已滿

六年者實止地三千六百三十一晌現在按晌徵收
至應修京旗官兵住房十九所計六十七間已修蓋
房五十二間僅止未安門窗暨未修房十五間均各
備料業已遵照停止砍木委員應交四年分房木四
萬餘件未交木七千八百餘件暨五年分房木因本
年水淺未能運到俱經砍伐應置器具鐵木石三項
均已發價製造其應京旗閑散住房二百所計八百
間已修房四十三所計一百六十間已備料三十六
間計一百四十四間現已遵照停工實動用過銀一
萬六千二百六十二兩零臣於打圍回省後復親赴

屯次查驗應徵糧三千六百三十一石業已貯倉已
修房間亦尚堅固當即分別咨劄阿勒楚喀副都統
雙城堡協領將修成房間及已備物料等項派人小
心看守未經動用銀二萬八十二兩七錢七分二釐
二毫飭令委員等交庫歸款富俊旋補授理藩院尚
書臨行奏言前因中屯屯丁屢經脫逃更補新丁甫
經到屯口糧不接於籌畫屯田節省項下動用修建
養倉九間買穀二千石陸續支借接濟現僅賸存穀
五百餘市石遇青黃不接之時不敷三屯接濟而左
右二屯拉運還交亦屬窵遠又籌畫左右二屯每屯

添建養倉九間置買市石穀三千石中屯義倉連前
舊存穀共存市石穀一千五百石有奇左右二屯共存市
石穀一千石俾資接濟所有設立雙城堡三屯屯丁
共三千名所給窩棚牛條器具及修蓋公所倉廒倒
斃牛價並修京旗住房置買器具等項原奏內均係
按照物價扣合銀數嗣因市價長落不時飭令承辦
各員籌畫妥實委員砍伐房木尺寸不敷之小木估
變價值前後節省銀錢除陸續中屯屯丁冬日入山
砍伐房木買給皮襖三屯窮丁踰冬製給棉衣棉褲
墾地添鐵齒耙犂殘廢病故各丁添給遷費器具中

屯公所添蓋檔房添挖井眼修建牌坊三屯修建養倉堆撥房置買穀石並孳生乳牛共動用銀一千一百三十七兩六錢制錢一萬三千四百三十串外共賸存銀四千一百五十兩制錢一萬二千八十七串三屯養倉現存穀八千七百五十倉石三屯屯丁分收孳生乳牛二百四十七隻小牛八十八隻此項錢糧賸存數目每月戶司立稿將軍副都統公同畫存孳生牛隻每屯分牧二隻每年孳生小牛除補足二百四十隻倒斃額數外即可賞給種地最多之丁以示鼓勵惟銀錢一項於奏准開銷之外屯丁每有不

時之需日用日少擬發給殷實舖商每月一分生息以後儘此利息接濟屯丁毋許動用原本以上三項每任列入交代具奏一次原係籌節之項毋庸報部以歸簡易奏

旨交新任將軍松筱查明實存數目遵照妥辦務期錢糧不致短絀屯丁永資接濟欽此松筱到任後以知縣銜寶心傳辦理屯田事宜勸課屯丁認眞出力已滿三年奏請送部引

見

允之松筱籌議由撙節生息項下奏准中屯屯丁窩棚已經

八年均已歪閃每年給修費銀三兩三屯養倉各屯
買黑豆五百石按年春借秋還以資接濟畊牛之用
並建蓋京旗住房擬於距屯附近閑荒內建蓋屯丁
京旗各不相擾俾日後八丁蕃衍免生嫌隙飭令屯
丁補修房間並採買黑豆至九月松箖病故原任大
學士松筠補授吉林將軍到任查勘三屯情形奏懇
移駐閑散宗室有月餉地方銀錢漸裕而京旗聞風
知爲樂土再行移駐等因具奏奉
旨交軍機大臣宗人府王公議覆未准行四年各該旗咨報
移駐京旗五十四戶即照原奏給京旗器具等項預

備妥協先蓋房四十所不敷棲止將已修官兵房十
九所內先令居住並查前備料物趕緊修蓋房十四
所以便棲止嗣富俊復調任吉林四月到任赴雙城
堡奏京旗閑散素未習耕初到必藉屯丁照拂指領
易於學習且在在地方均係旗民雜處未見生有嫌
隙今屯丁與京旗均係旗人同處更無嫌隙應請仍
照原奏在原地基建蓋京旗住房如議行又奏請
敕下各旗將願赴雙城堡閑散務於十月內報齊戶部具奏
十一月初即行知順天府尹直隸總督
盛京吉林將軍凡有應辦事件地方皆得從容料理定

於次年正月初五日以後初十日以前立爲準期凡
經過地方皆於未奉咨行以前已得預知其事可以
計程籌備庶不致緩急失序先後參差嗣後由戶部
應發給每戶治裝銀三十兩俟抵吉林後由備用銀
兩項下發給作爲僱覓工價之用各戶得以全獲其
利庶可以日冀充裕其荒地五晌各有自僱長工亦
可隨時開種至彈壓護送之大臣由京
簡派必須乘郵而來年年往返動勞驛站皆關經費嗣後由
東三省年班入
覲回任之將軍副都統內

簡派二三員順帶彈壓前來伊等係同任之便無須用馹供
給各有隨帶官員足敷照料仍令各該地方官隨同
護送出境至京旗所需車輛此次係四五套大車所
領例價不敷按站爲之津貼關內州縣不過支應一
二站奉省地方官卽有接連數站者吉林竟有應辦
十餘站者久必藉詞賠累虧空且車輛直抵雙城堡
該處非商集處所無貨可載空回小民不無艱窘查
該閑散等每戶大小不過數口行李無多春初地未
融化道路易行嗣後移駐京旗二三口之戶給予蓆
棚二套車一輛三四口之戶給予蓆棚三套車一輛

由京送至山海關由關送至錦州由錦州送至奉省
由奉省送至吉林由吉林送至雙城堡分段遞送相
距皆不過數百里車可祇予例價無庸津貼換車地
方俱係商賈輻輳處所車戶旋時可以載貨不致空
回賠累庶官民均有裨益再本年修蓋京旗住房一
百所其工價係奏定每間用銀三十兩本係撙節估
計春夏道路泥濘運腳倍增糜費實有支絀情形所
有明年應行修蓋住房百所今冬備料即於本年領
銀預辦料物可以節省運費少紓工力其六年應蓋
房木亦於今冬派員發給鹽菜銀兩往砍以備明年

河運預爲晒晾候用又京旗沿途飯食此次係官爲預備豐嗇未定成規以後願來者衆多地方官既難免不以賠累藉口京旗等亦難保必不借端滋事自應立定章程使旗民地方彼此有所遵循嗣後京旗每日早尖各該地方委員每人給制錢五十文晚間住宿即與店飯京旗飯食住宿仍爲得所定有章程而地方官照辦亦覺易於從事再一路村落店口無多如百戸前來每站可分二起前後行走不至擁擠店飯備辦亦易奉

旨允之又奏言原奏每兵賞給鹽菜銀八兩砍辦一所房木

桅檩椽柱二百一十三件内有長二丈二尺五寸大桅叉有鋸板之檖木以及串排挽運上岸勢不能一人砍辦必須僱募民人幫做八兩鹽菜實不敷用歷年均係各城津貼名爲以兵幫兵寔扣兵餉有干例禁籌議每名再加賞鹽菜銀四兩每年如砍二百所房木加銀八百兩不動正項請於吉林養倉糶穀價銀内動用銀一萬兩交商一分生息每年可得利銀一千二百兩給加添砍木鹽菜銀八百兩仍賸銀四百兩歸還原款如此砍木即可從容辦理無詞推卻並不致再扣兵餉應請立勸懲章程砍木委員知懼

可期不誤修蓋京旗房間砍木委員果於年前照依
尺丈數目砍伐齊全次年八月內交足咨部請給紀
錄二次或雖運到而尺寸不敷除將細小木植入官
罰其照數補砍趕運交納功過相抵如當年不能交
納遲至次年方交者罰俸一年如次年仍不全交者
請降二級留任仍罰俸一年以示懲儆奉
旨允准道光四年三月奉
旨容照等所奏每旗屯適中之地建蓋義學及嚴禁該屯丁
冬令過江樵採俱著富俊妥議具奏富俊覆奏略言吉林
奉省官兵閑散移駐未久京旗閑散初到幼丁無多

暫於中左右三屯公所各建義學三間其該管官亦易於稽查除中屯前已由邊荒官租錢內動用修蓋義學三間其左右二屯應建義學各三間亦由地租錢內撥給錢四百吊以資修建於甲兵屯丁閑散內擇其通曉清漢文者作爲教習自明年起遞年撥給三屯束修膏火等項錢各二百吊並責成該協佐領等嚴查課讀不致日久廢弛至雙城堡西北一帶松花江北爲蒙古郭爾羅斯地方可覓木柴右屯左冀四旗去江岸三二十里該屯冬令樵採難保不滋生事端自應嚴行禁止以杜流弊如有私行過江燕採

者卽照私出邊例治罪奉
旨允准遵飭該屯協領等動用官租錢項修蓋義學選擇教
習於次年正月開印後開館課讀中屯兩翼移駐京
旗閒散五十四戶每翼四旗擬於京旗閑散內各放
總屯達一名副屯達一名以資約束查報滋生戶口
遇事赴公所呈報仍照以前奏准三屯設立總屯達
之例賞戴金頂每名月給工食銀一兩遇閏增給由
葠餘項下動支報銷副屯達不給工食俱如議行十
月初五日復奏言　臣於八月攜印親詣雙城堡挨屯
查勘始到京旗秋成收穫度日光景家家糧草堆積

足敷用度並查原奏中左右三屯屯丁三千名每丁給地三十晌五年後徵租二十倉石中屯於道光二年起徵左右二屯於五年起徵道光二年六月原任將軍松筠奏請雙城堡地畝屯丁種地實屆六年照現種晌數按晌納糧以紓丁力等因奏准嘉慶二十三年僅徵收中屯兩翼屯丁等交納倉石穀七千七百三十餘石本年按丁種地實數核計已滿五年應徵糧四千七百餘石其左右二屯明年已屆六年交糧之期若仍照原擬章程納糧是勤苦者多納懶惰者少輸未免苦樂不均似未平允該丁等竟有多種

少報地數者而遞年核數加增徵糧實屬繁冗亦難
稽核現在屯丁種地七八晌至二十餘晌三十晌不
等連年豐收一晌地至少打糧四五市石交官一倉
石合市石只用四斗已有餘資應請於明年起除交
京旗地畝之丁不納糧外將中左右三屯屯丁無論
現種地畝多寡五六兩年每年每丁納倉石穀十石
合二萬八千餘石至七年按照原擬章程每丁各納
倉石穀二十石以符原議而昭核實奉
旨允之五年二月復奏言
欽差黑龍江將軍祿成甯古塔副都統和福彈壓帶來京旗

閑散七十四戸詢明有與上年移駐京旗係親誼者
使之共居一屯歡聚照應每戸由阿勒楚喀拉林閑
散内先已僱給長工二名預爲燒炕擔水京旗一到
如歸將地畝牛條口糧器具俱照數按戸交領查每
年砍運木植按屯建蓋京旗房間以及戸婚田土詞
訟案件一切公事較前倍增文移絡繹原設兵丁無
多步送公文實形竭蹶請添設一站第應設馬牛草
豆銀兩
國家經費有常未便加增籌議於吉林所屬西北兩路
三十八站内通融抽撤官馬十匹牛一頭連倒斃草

豆銀兩一併撥給仍歸北路站監督管理並據該監
督呈報週近各站窮丁內情願移駐雙城堡七戶照
各站設筆帖式一員即於雙城堡協領處辦事貼寫
內挑補僅給俸米仍食原餉由北路站外郎內揀放
委領催一名外郎一名五年後遇各站領催缺出拔
補站設於雙城堡南門外以便牧養於閒荒內每站
丁撥給地二十晌以資養贍所有站房及站丁每戶
房三間以及棚槽鞍轡器具打井等項籌款捐辦不
動官項奉
諭旨所辦好依議速行又奏雙城堡移駐京旗章程請於隻

身閑散內量爲變通奉

上諭前據戸部奏移駐京旗章程隻身不准算戸戸前往與
調劑窮苦旗人本意未協請將隻身閑散或父子兄弟均
係隻身俱統作一戸分别給與房間器具等項通融辦理
當交富俊覆議茲據奏隻身閑散一人到屯旣恐舉目無
親易致游蕩且每戸應得房間牛具等件亦難減半分給
諸多窒礙惟隻身閑散父母子女或伯叔兄弟伯叔父母
同住者二三人以上作爲一戸尚屬可行著照所請嗣後
京旗隻身閑散內不必拘定有妻室但有父母子女或伯
叔兄弟伯叔父母願一同移駐者二三人以上均准算戸

照原定章程給與全分地畝房間牛條器具等項其治裝銀兩仍由吉林給發以資耕種之用欽此又奏准修蓋京旗住房派協領二員分左右翼監修派佐領防禦八員承修一旗五屯如照定式做法於八月內修竣者給予紀錄二次如泥工完竣木工於九月內完者功過相抵如修不合式或院墻未築未鎮牆頂者罰俸一年如至九月底仍修不竣者降一級留任仍罰俸一年如有偷工減料者嚴条治罪兩翼協領督修於八月內修竣三旗者給予紀錄二次如至九月尚有不齊全者罰俸一年嚴定勸懲章程委員等依限興

修不致有悮戶部覆議道光六年願往移駐京旗共一百八十九戶內因該處蓋成房屋不敷居住按册開出戶止二口現食錢糧之四十一戶歸入七年移駐外至京旗閑散咸知雙城堡安居樂業願往者日漸增多若每年限定二百戶移駐必致有裁撤阻其踴躍之忱著該將軍多派幹練員弁將房門一切廣爲籌備勿致臨時周章貽悮本年應添佐領驍騎校等官原議三千戶共設佐領六員驍騎校六員協領一員此時移駐不至十分之一暫毋庸添佐領著先設驍騎校二員即於三次移駐京旗內該將軍秉公

挑選充補俟移駐足五百戶後添設佐領一員卽由
此次挑補之驍騎校內揀選奏請陞補所遺驍騎校
員缺再由移駐內閑散挑補未設立佐領以前驍騎
校仍令三屯佐領兼轄將來移駐足三千戶時再由
該將軍於佐領六員內揀選奏請升補協領一員俾
移駐京旗人等咸知上進有階更爲踴躍所需俸餉
仍照該將軍原議在吉林備用銀內動支其應添領
催二名亦著該將軍於移駐閑散內挑選充補嗣後
移駐京旗皆常年辦理之事不必再令年班來京之
將軍副都統統帶前往每年移駐屆期著直隸總督

於文職道府武職副將參將內每起各遴派一員輪
流沿途護送彈壓照料出關以後著
盛京將軍奉天府尹錦州副都統遞派文武員弁接管
前進所有應給住房車輛及飯食錢文悉照原議章
程隨時給發遵即分飭照辦六年正月奉
旨富俊籌辦雙城堡移駐屯田事宜妥協周詳現在移駐各
戶安居樂業京旗人等聞信願往者日益增多該將軍經
理其事不避嫌怨盡心宣力著有成效深堪嘉尚富俊著
加恩晉加太子太保宮銜以示朕優奬藎臣至意欽此二
月移駐京旗閑散到吉派員護送至屯安置妥畢富

俊復奏言臣於四月初一日攜印赴雙城堡挨屯面
諭京旗各戶咸知感戴
皇恩勤力耕作隨有鑲黃等八旗閑散富珠隆阿等四十二
名呈稱仰蒙
聖恩賞給房屋牛條器具周全地土肥美足可成家立業懇
請行知本旗令伊等父子兄弟戚誼明年即來團聚
共享樂土等情伏地跪懇除咨行各該旗查辦外復
至中屯公所傳集三次移駐京旗閑散面試清漢文
字馬步騎射秉公選驗有本年移來告退刑部司獄
伯勒克圖五年移來馬甲現充委官德明安均能騎

射識滿漢文字補放驍騎校披甲倭克金佈領催舒
成弓馬嫺熟亦識滿漢文字挑補領催青成分管左
右兩翼仍歸該屯協領佐領等兼轄同日附片奏懇
京旗陸續移來二百七十戶分撥中屯兩翼四十屯
居住計一總屯達經管二十屯道路紆遠勢難兼顧
雖有副屯達並無頂戴工食徒有差使毫無鼓勵遇
事每多退縮不前請照原設中左右三屯每旗五屯
放總屯達一名副屯達一名之例由京旗閑散內再
添總屯達六名副屯達六名連前共合八名分管八
旗其總屯達請賞戴金頂每名月給工食銀一兩計

添六名每年共應添工食銀七十二兩遇閏加增仍由覆餘項下動支年終報銷其副屯達亦請賞戴虛銜金頂不給工食與總屯達一體稽查戶口呈報事件移來京旗閑散多係赤貧且不諳耕種初到此地基業未立不免拮据請援照拉林阿勒楚喀閑散滿洲之例每年十二月內每名賞錢十二吊以爲粘補農器衣服之用每名只給五年以後各習慣種地毋庸再給嗣後陸續裁減此內鰥寡孤獨尤爲堪憫亦請照拉林阿勒楚喀閑散滿洲每名月給銀五錢之例按名每月給錢一吊二百此項賞錢請由吉林稅

銀項下動用銀三萬兩連前奏准粘補三屯屯丁農
器交商生息蕿餘銀二萬兩共五萬兩交吉林同知
擇殷實鋪商一分生息計每年應得利銀六千兩足
敷應用再商民納利惟恐平頭銀色不便請按市價
交錢具奏奉
旨允准遵即發給同知銀兩交商生息得利備賞京旗閑散
以資接濟後接准戶部知照道光七年願來京旗戶
數即派文武員弁於二月初旬赴威遠堡界接到京
旗八十五戶詢明凡係父兄子弟親誼安置一屯以
便互相照料耕作隨將伊等應得房地牛條一切器

具數目刷印執照各給一紙到屯照數檢收發給三屯六八力弓各三張交協領佐領按季操演不廢騎射兵農並重度士開荒至此而經營大備矣

伯都訥屯田

道光元年十二月將軍富俊籌開伯都訥屯田以備移駐京旗蘇拉奏言　臣伏查伯都訥空閒圍場既無林木又無牲畜寔可墾地二十餘萬晌挖記封堆因國家經費有常請俟雙城堡屯田徵租後再行開墾業於嘉慶二十三四兩年先後繪圖進呈奏蒙

允准在案道光二年已屆中屯徵租之期伯都訥屯田自應

遵照前奏接辦惟是嘉慶十九年 臣等初辦屯田未
能洞悉情形奏明不准民人代種恐其設法租典據
爲已有是以恭奉
諭旨若仍令僱人代墾或將地畝私行租佃久之悉爲流民
佔據將來移種旗人時無地可耕則該將軍等辦理不善
咎有攸歸斷不寬恕等因欽此嗣因旗丁一人竭力耕耘
一年只能種地十晌不能不僱覓幫丁助耕現在辦
有成規均各安業計雙城堡三屯前後撥移吉林奉
天無業旗丁三千戶男婦大小已萬餘人此外率皆
有地可耕及家有當差食餉之人生計既裕誰肯輕

去其鄉此項屯田若仍令旗人開墾恐各該處勉强
撥派多致潛逃轉於旗務屯田無益莫若招民開墾
成功較易若慮民人典買旗產亦在申明例禁辦理
得宜擬請查照設立雙城堡章程應募民丁每人給
領地三十大晌四人聯名互保不准轉租典賣違者
兩造治罪撤地追價入官另行招佃給領自認領之
年起第六年每晌納租制錢三百文小租錢三十文
既省建倉貯穀輾轉出糶十數年後積租漸多卽可
備移駐京旗之用京旗蘇拉到日交出熟地二十大
晌免其納租不准旗人典賣與民違者兩造治罪撤

地仍給旗人如此立法誰肯空費銀錢違例典賣餘地十大晌卽給領地民人作爲已産每晌仍徵租制錢三百文給與印結執業並聽其典賣照例稅契過糧此項民戶農具一切皆所自有遷費亦可無庸惟曠野之地應預蓋房鑿井未免拮据並請照雙城堡章程每丁賞給蓋窩棚銀四兩三十戶爲一屯每屯官爲打井二眼以備偶有坍塌缺水並京旗到日足用每井給銀十八兩計每丁共合用銀五兩二錢在備用項下支領起租之年地三十晌每丁合納制錢九吊一年歸款尚有敷餘較前旗丁每人用銀四十

七兩所省寔多如有附近旗人願充屯丁悉照民人一例辦理此項地畝僅離伯都訥城百餘里設立保甲稽查彈壓所有詞訟以及升科徵租各事宜均交伯都訥副都統督率伯都訥理事同知妥爲經理將來招集民衆或須添官及移駐京旗蘇拉之時設官蓋房再行仿照雙城堡章程具奏遵辦奉

硃批著伯麟英和黃鉞文孚汪廷珍妥議具奏欽此尋伯麟等奏言　臣等查伯都訥屯田先於二十三年議及其地舊名圍場實無山樹牲畜可供採捕因其時方辦理雙城堡開墾事宜未能兼辦現在左右二屯屯丁

已於二十五年到齊中屯明年已屆陞科則該處屯墾事宜正可接續辦理伏思食爲民天治土殖穀寔仁政之首務今伯都訥圍場可得地二十餘萬晌計尋常之年每晌可足三數人之食豐年則過之是其地開墾後每年可益數十萬人之食若任其荒廢寔爲可惜惟地土較廣人力惟艱從前開墾雙城堡時窩棚牛具盤費等項用帑至十七八萬兩其到屯之丁尚有潛逃者且每丁給地三十晌數年之久中屯已屆升科僅墾地二十晌未墾者尚三之一是其地多丁少可知今伯都訥之地爲數更多若照雙城堡

挑派旗人開墾不特興帑浩繁其各城閑散願墾者
經雙城堡挑選後計難續派嘉慶五年甯古塔旗人
承種官地二萬七千餘畝拋荒至一萬九千餘畝不
得已改撥民人耕種此次需丁至五千戸勢難猝辦
是以富俊等有變通之請查吉林伯都訥一帶本有
民地一百四十三萬八千二百餘畝歲徵田賦丁賦
米折等銀八萬五千餘兩歷久相安此次所墾之地
富俊於二十三年初奏即稱界在民地之中因舊有
圍場之名是以未經開墾則招募民人自屬較易惟
民墾與丁墾其事不同此次開墾屯田原爲移駐京

旗閑散使之爾田爾宅來止如歸設令墾成後民人竟佔爲已業至移駐時轉至無地可耕自當熟慮令富俊等以其地三分之二留備移駐其一給原墾之人定立章程先有成約既非僱令代墾亦非私相租佃誆可不致公然佔據其所給窩棚開井之項每地三十晌合給銀五兩二錢以視雙城堡用項減去十之八九於帑項寔大爲節省其摺內稱附近旗人有願墾者即照民人一例辦理是亦非專歸民墾富俊等特爲斂於成功儉於經費起見自應准其招募民人與附近旗人一同開墾惟移駐非旦夕之事即如

本年正月富俊所奏每年移駐二百戸則雙城堡移
駐三千戸已需十五年且預擬之事每難定准則伯
都訥移駐至早亦需二三十年之久此時事經創始
必籌計萬全庶日後可以相安於無事查富俊等所
定開墾升科撤地章程大約依仿雙城堡然旣係募
民開墾則情事迥殊辦理豈能一例雙城堡屯丁本
係旗人與在京閑散並無二致一經移駐便可相安
此次募用民人就現在與附近旗人同屯共處已恐
不能相安將來移駐後若如所議每屯京旗三十戸
民人三十戸旗民雜處必多不便宜酌者一雙城堡

屯丁本在旗籍其就挑者必於願墾之中擇其力可勝任者到屯之後或有潛逃卽爲另挑足額勢可整齊加以官貼用項稍待地有花息卽可接濟墾荒民人其力有限又牛具一切皆所自備今亦照雙城堡章程各給與地三十晌查奉天一帶謂一日可犁之地爲一晌計地六畝吉林每晌約有十畝謂之大晌三十大晌得地三頃非殷實莊農牛驢厮養與婦子並耕不能栽種收獲若一丁承受無論開荒卽每歲翻犁播種亦不能徧今應募民人貧戶居多其殷富有力之家孰肯輕去其鄉遷地作苦且一時招募至

五六千戸更難其選該民人到屯之後力有不逮或僅墾二三晌以充口食及升科之時交租不前必多逃亡宜酌者二雙城堡升科後每丁交三十晌之租制錢六千文其十晌爲原丁已產不徵其租是移駐京旗之地存者免稅之產其事易從此次因係民墾議以升科後每三十晌徵制錢九千文通以每晌三百文爲則是官地私地有何分别事隔二三十年習爲故常移駐時忽撤其三分之二深恐有費周章現在開墾之初每三晌內官地兩晌私地一晌其名似應早定及升科時官地與私地之租更應有别官地

租輕則小民利其所有撤地愈艱私地租重則將來撤地後原墾之戶產少人多漸形拮据徵科不易宜酌者三升科以後至移駐以前爲時既久其間屯民家計之貧富生齒之息耗變遷不一原墾之戶或有無力無人承種者自所常有若聽其私行改佃必致暗出頂手錢文輾轉滋弊久之竟成私產若不准改佃又恐已熟之土復致拋荒且或有貧苦疾病孤寡無依者聽其流離失所亦在可憫似應酌定改佃之例各令報官辦理宜酌者四

諭曰伯麟等會議開墾伯都訥屯田一摺伯都訥圍場經富

俊親勘可墾地二十餘萬晌該處旗人經雙城堡屯田挑派之後一時難於續派則莫若與附近旗人一同認墾自屬成功較易惟此項地畝原爲移駐在京旗人而設將來移駐之後各分經界必須早爲規畫使旗民彼此相安惟未經移駐以前墾荒升科改佃名事宜自當妥爲籌計俾目前便於集事日久具有成規方足以供享樂利伯麟等所議應酌四條皆爲事理之所有富俊於此事身親目擊自當稔悉利弊著再行確查審思熟計妥議章程具奏富俊覆陳謂吉林省屬界暨伯都訥阿勒楚喀等處多係旗民同屯共處

盛京通省皆然即近京旗人下屯種地亦係與民人錯處從無不便之處且京旗閒散多不習耕惟與民人同屯共處初到正可與原種地之民人講求耕種夥種分糧久之耳濡目染習慣自然必皆務農立業該民人於撤地後若有餘地即可與旗人傭工寔旗民兩有裨益所有臣等前奏每屯京旗三十戶之處似可毋庸另議又雙城堡初立屯田臣等未能深悉情形每丁給地三十晌責令開墾二十晌丁戶既多良莠不齊怠惰不能力作者間有潛逃臣等續行挑補之時均擇其有子弟作爲幫丁者方准赴屯其續補

有幫丁之戶自無潛逃之事此次招民墾荒名雖一丁亦必有眷屬親族現在奉天前來雙城堡旗丁一名親丁數口間有數十口者自可幫種或乃僱短工耘耡若果孤身一人翻犁播種自非所能也應募之民農具一切皆所自備貧戶斷難承領查伯都訥阿勒楚喀等處丁民地有定額孳育無窮是以蒙古科爾沁招民墾地竟有成千累百先付壓租銀兩願領荒地之事此臣本年奉

命出邊查辦所親見者諒殷富有力之家認墾不至乏人至一時招募五六千戶原難期必移駐京旗閑散亦非

一時畢集臣等前奏陸續招募已爲聲明每年招佃若干户於年底彙奏一次在案所有臣等前奏每户給地三十大晌之處似可毋庸另議惟民人到屯或僅墾二三晌以充口食及升科之時交租不前恐多逃亡一節原爲可慮計自領地以至升科六年之久若平日不課其開地多寡直至升科之年責令交租其地少者不敷交租勢必逃亡應飭承辦之員自領地起每年秋後查核每名墾地若干晌造具花名清册具報一次如有逆計交租之年不能全墾者卽行逐佃撤地奪房另招另招之户臨時核計已開熟地

若干晌酌量展其升科年限仍取其領地升科甘結備查又吉林旗人原准報開官荒向不納糧且初次派撥雙城堡旗丁給荒三十晌原止責令開熟地二十晌是以臣等前議第令納熟地二十晌租二十倉石撤交京旗閑散地二十晌其十晌作爲已産不徵其租至民人種地必須價買各直省民人並無不徵錢糧之例吉林民人升科新地每晌徵銀八分米四合零計一晌即合銀八錢且有米糧臣等此次奏請招民墾地再三熟商私田十晌既已無庸價買又每晌止徵制錢三百已屬減之又減徵科斷不至於拮

据至官田地租似應加重俾民人無利可圖將來撤
地自易但民人無利可圖恐此時卽不肯認領此地
原爲移駐京旗閑散預墾熟地起見旣用其力不得
不予之以利是以官徵錢亦以三百爲則若係勤儉
農民迨移駐京旗撤地之時積穀變價已有餘儲撤
地後所有伯都訥孤榆樹一帶附近民地儘可價買
自耕若係人口衆多費用浩大者撤地後民人原與
旗人不同餘丁自可貿易或卽與旗人傭耕均可毋
虞失所臣等前奏六年升科每晌徵租制錢三百移
駐京旗閑散到日撤出地二十晌免其徵租已產十

晌每晌仍徵錢三百之處似可毋庸另議惟自徵租日起至移駐京旗閒散時事隔多年現在開墾之初每三晌內官地二晌私地一晌其名自應早定臣等前奏撤交京旗閒散地畝後餘地十晌給與執照作爲已產之處應改爲領地日取具領種荒地三十晌第六年起租每晌制錢三百俟移駐京旗閒散時交出熟地二十晌其餘十晌作爲已產仍照每晌制錢三百文交租並聯名互保甘結此內如有旗人認領者第六年止納官地租制錢六千私地十晌照雙城堡章程免其納租並取結保存案俟交出官地時其

私地十晌作爲已產均於執照內註明發給民人交
官地後私地聽其典賣旗人仍照定例不准典賣與
民如此立定章程預爲明示撤地時自可不費周章
矣再查
盛京餘租地畝無力承種者報官退地另行招佃此項
屯田自應仿照辦理如有官地私行改佃暗出頂手
錢文者查出追價入官撤地另佃並失察之該管官
一併議處至招民足額後五六八千戶其貧苦疾病孤
寡者自所不免其領地時因親及親必有同族至戚
自難膜視如實係無依者責成地方官照收養孤老

例辦理疏入報
聞二年正月二十七日奉
上諭前據富俊等覆奏伯都訥屯田各款一摺當交曹振鏞等會議具奏兹據奏稱開墾屯田專爲移駐京旗閒散而設上年富俊奏定雙城堡章程經各都統等曉諭八旗迄今已逾一年願移者僅二十八戶恐十五年內移駐三千戶必有屆期展限之事所蓋住房即不免先有閒曠伯都訥移駐閒散又在道光十八年以後計日尚遥其所需經費不能不預籌墊借是否亟應籌辦應請欽派大臣前往查勘等語雙城堡屯田計可移駐京旗閒散三千戶今願

移者僅二十八戶人情不甚踴躍並同時開墾伯都訥屯
田爲計太早且經費亦恐不敷所有伯都訥屯田一事毋
庸派員查勘著富俊卽行停止籌辦並飭令文武員弁嚴
禁民人私墾現在祇須專將雙城堡屯田妥爲經理以期
經久無弊至該將軍原議砍木備料自道光三年爲始修
蓋住房八百間以後每年蓋房八百間今旗人旣觀望不
前其多蓋房屋誠恐徒滋糜費著俟道光四年移駐時計
若干戶著有成效再行酌量情形核實辦理富俊覆奏曰
雙城堡移駐京旗仰蒙
皇上賞給地畝房屋牛條籽種口糧一切器具全備京旗閒

散到此是無家而有家無業而有業較其貧房居住窮苦逼迫不堪情形何啻天淵揆之情理當必願來者多去年所報願來之戸甚少或因臣前奏賞銀及本旗公幫銀兩禁止私債勒扣計來雙城堡尚有二年之久一經呈報願來則無人通融緩急是以遲遲亦未可定至修蓋住房八百間臣原奏道光二年砍木三年蓋房及旋任後詢之十旗協領參領僉云必須元年秋冬砍木冬日趁雪爬犂拉至河岸於二年桃花水或夏日水旺運至金錢屯等處登岸陸運工所鋸解晒晾三年蓋房方能堅固不至翹裂臣等隨

飭照辦砍取四五兩年木植兹蒙
訓諭臣暫將應砍六年蓋房木植停止俟道光四年移駐時
計若干戶再行核實遵辦外至開墾伯都訥屯田自
應遵
諭停止第臣等愚見不獨爲移駐京旗天地自然之利蕪棄
可惜前次原議大學士伯麟等亦曾言之食爲民天
治土殖穀寔仁政之首務今伯都訥圍場可得地二
十餘萬晌計尋常之年每晌可足三數人之食豐年
則過之是其地開墾後每年可益數十萬人之食兹
任其荒廢實爲可惜等語此次大學士曹振鏞等議

及於墊借經費卽以經費而言每丁用銀五兩二錢起租之年每丁納制錢九千一年歸款尙有敷餘卽以籌款而言亦不過借墊五年不致懸宕且亦不能二十萬晌一時齊墊爲款無多尙易籌備臣等詳核該處荒地二十餘萬晌計可安二百餘屯姑以十屯言之每屯三十屯計三百戸每戸給蓋窩棚銀四兩共用銀一千二百兩每屯打井二眼十屯共打井二十眼每眼井工價銀十八兩共用銀三百六十兩二項共用銀一千五百六十兩第六年升科每晌地徵制錢三百文九千晌共徵制錢二千七百串每兩銀

以制錢一串一百合銀二千四百五十四兩零除歸
還原款銀一千五百六十兩外仍賸銀八百九十四
兩以後每年得租制錢二千七百串計地二十餘萬
晌將來開地多得租愈多於經費亦不無稍裨且係
招集民人毫無抑勒較銀米並徵民地徵租本輕風
聞小民願認領者不少一旦著有成效無論年月久
近隨時移駐京旗閒散裕如也奉
硃批吉林乃我朝發祥根本之地一旦招集無數民人不知
其意何居且聚之易而散之難其理易見即如所言隨時
移駐京旗閒散裕如也但此項民人日久安居又將何以

措置可再明白回奏欽此三月富俊覆奏曰伏查八旗生
齒日繁生計爲艱久廑
列祖聖念凡爲旗人資生計者無不委曲備至
恩養如此其厚而旗人之窮乏未見從容不使之自爲養而
常欲以官養之此勢有不能者也溯查乾隆年間户
部侍郎梁詩正御史舒赫德等條陳八旗籌立恒產
惟有沿邊屯田一法蓋養人之道在乎因天地自然
之利而利之必使人自爲養斯可以無不養也若按
人給衣給食雖一州一縣尚不能徧況八旗之衆乎
長思熟計惟使不聚於一方

盛京甯古塔爲我
朝興隆之地閑曠地多槩可開墾八旗滿洲似不妨遷移
居住廣募民人開墾等情有案彼時臣工即慮及此
今已隔數十年旗人生育益多可知臣之愚見常思
八旗生計必須調劑分置使自爲養嘉慶十九年仰
蒙
仁宗睿皇帝聖恩調任吉林將軍因查舊卷有歴任將軍賽
冲阿等具奏摺內奉
旨該處收成不豐此時原不能即將旗人移駐其一切墾荒
計畝章程則須預爲籌辦不必延至二三年後推諉時日

著該將軍等檢查乾隆年間移駐舊案將先期試墾備辦
各事宜詳細酌核先行籌議章程具奏 臣 遂親勘荒地詳
議章程陸續具奏設立雙城堡三屯派移吉林
盛京旗人三千戸屯種辦有成效因查伯都訥圍場荒
地亦係肥美天地自然之利可資旗人萬年之養與
其使之就蕪何若墾之爲田第吉林旗人原准報開
官荒向不納租其無地者已派赴雙城堡一千數百
戸再無領赴伯都訥開墾之人始議奏請招募民人
認墾查吉林現有納丁納糧民二萬九千二百九十
八戸伯都訥現有納丁納糧民一萬四千四百二十

八戶阿勒楚喀納丁民三千零七十三丁此等民戶
安居已久滋生不少地不敷種亦冀認墾荒地併不
招集流民緣查民情有地有產孰肯輕去其鄉卽赴
各處飄流均係無業貧窮之人今認墾荒地牛具籽
種農器均係自備流民勢所不能認領至招墾章程
臣等必將每人准領地三十大晌第六年升科每晌
地徵制錢三百文俟移駐京旗閒散到日交京旗地
二十晌其餘十晌作爲已產仍按晌數納租明白宣
示其願認領者併將前情於發給執照內註明方丈
給地畝併無絲毫抑勒孟子云百畝之田勿奪其時

八口之家可以無饑矣丁民旣交京旗地畝之後仍
有田十晌卽係百畝可無流散之虞且隨便貿易營
生及傭工力作不致失所尙不必另籌安置況旗人
多不善於隴畝各有民佃一人夥種習耕亦屬有益
計領地民每人給蓋窩棚銀四兩夥打井銀一兩二
錢共用銀五兩二錢第六年升科每丁納制錢九千
歸還原款卽有敷餘以後每年徵租制錢九吊此係
一丁之地三十晌共計地有二十萬餘晌以此推之
每年徵租不少積十數年後遇有移駐京旗閒散費
用可期裕如臣等原爲預籌日後旗人久遠生計起

見是以奏請開此荒地且世受
聖恩深重不敢以
國計民生之事膜視不言自圖省心安逸其餘各款前
三摺內俱已聲明謹此據實明白回奏閏三月初二
日
諭曰據富俊等明白回奏開墾伯都訥屯田情形一摺吉林
乃我朝根本之地若因伯都訥開墾屯田招集流民耕種
日久流弊不可勝言今該將軍等覆奏原議係由吉林現
有納丁納糧民人認墾並非招集流民將來不必另籌安
置於事尚無窒礙惟現在雙城堡屯田尚未墾竣且移駐

京旗甚少何必亟亟籌辦俟將雙城堡辦竣獲有成效再
行議及開墾亦未爲遲將此諭令知之富俊遵
旨停辦於道光四年十一月始奏奉
諭旨遂咨行伯都訥副都統等衙門出示曉諭招墾派員丈
地分屯串畫經界名其地爲新城屯以道光五年爲
始分八旗兩翼每旗立二十五屯每屯各設三十戸
以治本於農務滋稼穡八箇字爲號每一字各編爲
二十五號共計二百屯初報之戸積至三十戸爲治
字第一號卽令歸入鑲黃旗頭屯撥給地段墾種續
報再積至三十戸爲本字第一號歸入正黃旗頭屯

以後依號按旗挨撥周而復始八旗地界可以同時

並墾五年已認佃一千一百二十七戶按八旗分撥

四十三屯嗣復勘丈新城屯閒荒僅敷一百二十屯

郎將五年所招佃戶分撥字號均攺每旗十五號六

年認佃九百十七戶分撥三十一屯七年認佃一千

五百五十六戶分撥四十六屯前後總計一百二十

屯星羅基布與雙城堡相爲表裏旗無徵糧民有恆

產所以爲旗人萬世計者至矣故備錄之爲後法焉

吉林通志卷三十二

食貨志五 蠲緩

康熙三十五年發

盛京倉儲米穀五千石運至墨爾根阿敦備黑龍江吉林之賑皇朝通典十

雍正元年郭爾羅斯旗下乏食

詔動用正項錢糧三萬兩賑之經理藩院議伯都訥倉內發米二萬石撥戶給糧戶部撥銀三萬兩採買牲畜往賑從之東華錄一

乾隆十二年三姓吉林地方災借給官員兵丁口糧

蠲本年應交官屯義倉穀石同上八
十五年吉林地方災借給旗人三月口糧民人散給
倉糧一月同上
十六年閏五月癸酉撥呼蘭倉米一萬石於船廠平
糶　十二月戊戌貸船廠琿春地方本年水災旗戶
同上
五十四年松花江舒蘭河水溢爲災打牲烏拉倉糧
四千餘石賞給一半借給一半檔案
嘉慶六年緩徵吉林打牲烏拉本年應還糧九千七
十餘石同上

八年吉林官莊地畝災蠲糧四千七百石零　是年三姓旗地官莊地畝災接濟旗人倉穀八千二百餘石緩徵官莊義倉官地糧五千二百餘石並嘉慶四年未完糧一千九百餘石同上

十年三月庚子以吉林三姓積年災歉發倉穀一萬石平糶東華續錄七

十五年七月吉林江水陡發漫溢兩岸被淹旗地二萬八千二百五十一晌義倉官莊地六千一百七十晌壞旗民房屋一千一百二十一間賑旗民大小口一萬三千四百五十八名口官莊壯丁暨站丁大小

口五千九百四十九名口摘𧬐本年應納義倉官莊

各地租糧檔案

十六年緩徵吉林打牲烏拉地方義倉官地應交穀三百八十四石　是年三姓旗地官莊地畝歉收接濟旗人倉穀九千三百九十三石緩徵本年應交牛具額穀七百二十名官莊壯丁穀四千五百石同上

十七年七月吉林寗古塔霜害稼緩徵吉林官莊壯丁公倉糧一萬六百八十石兵丁義倉糧四千九百九十二石民戶地丁米折銀五萬六千五百九十一兩零寗古塔義倉糧五百七十六石倉糧三千九百

石　緩徵打牲烏拉義倉糧二百八十四石同上
十八年甯古塔及阿勒楚喀所屬海溝等八屯霜雹
害稼緩徵甯古塔本年義倉糧五百七十六石公倉
糧三千九百石民戶地丁米折銀二千六十七兩阿
勒楚喀旗人公倉糧二千七百九十三石公倉糧一
千八百石並緩甯古塔十七年帶徵義倉公倉糧石
民戶地丁米折銀兩　是年蠲三姓嘉慶十六年旗
人舊欠公倉糧四千五百石義倉糧七百二十石緩
徵本年旗人公倉糧四千五百石義倉糧七百二十
石同上

十九年秋甯古塔霖雨爲災霜殺草緩徵旗人舊欠糧九千一百四十石民人舊欠地丁米折銀二千零六十七兩零琿春六月雨害稼緩徵本年義倉糧一百四十四石　是年緩徵吉林打牲烏拉本年暨舊欠糧七百四十四石鄂摩和等站本年暨舊欠糧一百八十石永智社民米折耗羨銀五百六十六兩零

是年蠲三姓十七年旗人舊欠糧五千二百二十石緩徵本年旗人公倉糧四千五百石義倉糧七百二十石民人新舊欠地丁米折銀一百三十八兩零

同上

道光七年秋七月戊辰免兵行過境之吉林額賦十分之四東華續錄四
八年十一月甲子賑甯古塔等處水災口糧並緩徵新舊額賦同上五
九年六月己丑貸三姓地方上年被水倉穀　十二月戊子緩徵甯古塔三姓歉收額賦同上
十年十一月緩徵甯古塔旗民逋賦同上六
十一年正月貸三姓雙城堡兵民被災口糧蠲緩吉林等四處被水兵民新舊額賦　十一月蠲緩甯古塔雙城堡雹災霜災新舊額賦　十二月緩徵吉林

三姓旗莊逋賦同上

十二年十一月貸吉林籽種同上七

十四年十月蠲緩吉林十旗打牲烏拉八旗額賦同上

八

十五年吉林霖雨災九月蠲甯古塔旗人舊欠公義倉穀三千九百九十三石民戸舊欠地丁米折銀八百二十四兩　蠲三姓旗人公義倉穀一萬一千七百二十三石　蠲雙城堡屯丁舊欠義倉穀一千六百六十八石　十一月緩徵吉林本年旗人公義倉穀檔案

十六年三姓歉收十月緩徵旗人本年公義倉穀四千九百二十石民戶地丁米折銀六十九兩零並道光十二年十六年舊欠公義倉穀同上

十七年三姓霜害稼緩徵旗人本年公義倉穀五千二百二十石並舊欠公義倉穀石民人地丁米折銀兩同上

十八年十月緩徵甯古塔旗人本年公義倉穀石民人地丁米折銀兩　緩徵三姓旗人舊欠公義倉穀石同上

十九年十月緩徵甯古塔旗民公義倉穀石地丁米

折銀兩　緩徵三姓旗人舊欠公義倉穀石同上
二十年十一月展緩甯古塔三姓旗民站丁逋賦東華續錄十
二十一年夏五月伯都訥雹災秋並歉檔案　十一月緩徵珠爾山額賦東華續錄十
二十六年夏閏五月三姓松花江胡爾哈河窩坑河水溢壞民居城内水數尺檔案　秋七月賑三姓及甯古塔等處水災東華續錄十　九月蠲三姓旗人本年公義倉穀五千二百二十石民地丁銀七十兩　蠲琿春義倉穀一百四十四石檔案

二十七年十月緩徵三姓水災額賦逋穀東華續錄十二

咸豐元年十月緩徵三姓旗人公義倉穀石民戸地丁米折銀兩檔案

三年十二月緩徵三姓旗人公義倉穀石民戸地丁米折銀兩並元年旗民舊欠穀石銀兩同上

四年十月己酉緩徵吉林三姓歉收地方舊欠銀穀東華續錄

五年十一月庚寅展緩吉林三姓欠收地方上年額賦同上

六年吉林伯都訥三姓阿勒楚喀災分別蠲緩旗民

倉穀丁銀

九年十一月緩徵三姓旗民本年銀穀並三年六年八年舊欠銀穀

同治元年十一月緩徵甯古塔旗人咸豐十一年舊欠公義倉穀春借秋還穀接濟壯丁站丁口糧等穀一萬一千七百餘石泰甯社地丁米折銀一千六百九十九兩零　緩徵三姓旗人舊欠公義倉穀五千二百二十石永甯社地丁米折銀七十兩零

二年十二月賑甯古塔旗丁官莊壯丁站丁等倉穀三萬零三百餘石蠲免本年各項銀穀　賑琿春官

兵閒散倉穀八千四百二十石緩徵旗人舊欠義倉穀石　賑三姓官兵閒散壯丁等倉穀一萬九千六百四十石蠲各項新陳銀穀　蠲阿勒楚喀拉林雙城堡租賦

三年十二月緩徵雙城堡本年租錢

四年十二月緩徵三姓本年公義倉穀五千二百二十石民戸地丁米折銀六十三兩零　緩徵雙城堡本年旗民租錢暨舊欠租錢五萬八千六百餘石

五年十月蠲伯都訥地丁租賦四成雙城堡旗民租賦五成阿勒楚喀租賦五成拉林租賦四成五常堡

三成吉林廳旗民地丁銀穀三成
六年十一月緩徵三姓旗人公義倉穀五千二百二
十石丁民陳欠地丁米折銀六十三兩零　緩徵五
常堡租賦一萬六千六百五十餘石
九年閏十月緩徵甯古塔本年暨舊欠公倉穀一千
六百五十五石　緩徵琿春義倉穀一百四十四石
緩徵三姓旗人本年暨舊欠公義倉穀一千一百
七十石民戶地丁米折銀六十七兩零
十年緩徵甯古塔旗人新舊公義倉穀石民人新舊
地丁銀兩　緩徵琿春義倉穀一百四十四石　緩

徵三姓旗人新舊公義倉穀七千八百三十石民戶
地丁米折銀六十七兩零
十一年十二月緩徵三姓旗民新舊欠公義倉穀七
千八百三十石民戶地丁米折銀六十七兩零
光緒元年十一月賑拉林屬界東山板子房等處災
民並蠲免大小租錢
三年三姓歉收蠲旗民租賦
四年賑三姓官莊壯丁穀四千二百八十二石零
十二月蠲伯都訥所屬北下坎田地租賦
五年十二月緩徵甯古塔旗人本年公義倉穀四千

五百餘石民戶地丁米折銀一千六百九十八兩零
緩徵三姓旗人本年公義倉穀五千二百二十石
永凝社丁民地丁米折銀五十八兩零
十一年伯都訥隆科城珠爾山五常廳甯古塔三姓
等地方水災歉收緩徵旗民租賦
十七年敦化縣伯都訥廳北下坎三姓等地方災分
別蠲緩旗民租賦以上俱據檔册
附養濟院棲老所棲流所引痘局掩埋局同善堂
吉林府
養濟院在城內功德院內始於雍正時壽婦石熊氏

捨宅以棲鰥寡孤獨田產資財悉入之日久侵蝕廢興不一光緒九年官爲清理以存其舊至今殘疾貧民皆得留養吉林外紀參檔册

廉三省功德院碑記養濟院者所以恤鰥寡孤獨疲癃殘疾之人內地府州縣邑莫不各立一所生給食死給棺意至厚也吉林旗多民少先時家給人足逮商賈輻輳居民漸增四方飄流間有餓殍時有嫠婦熊氏者惻焉動念出私積捌立養濟院凡貧民無告因獲棲身繼王壽李叟慨然以舍棺爲己任歷二十餘載不衰不數年而房傾前州牧杜公普捐己俸爲

倡復建瓦房十間一時競稱義舉焉今杜公往矣而
李復棄世院主普明慮繼起無人而善舉之半塗遂
廢也相與謀之僉曰養生力不能舉送死或可勉行
爰樂輸舉善以爲長久計又思事湮屬記因敘其始
末以揚衆善且以彰前人後之覽者儻緣此而興哀
煢之念將必有感於斯文而慨然博濟焉是予之厚
望也夫地七十晌

光緒九年將軍銘安奏言留養貧民掩埋枯骨
聖朝載在政令各省亦有章程吉林功德院旁養濟院雍
正時民籍壽婦石熊氏夫故無子饒於資產捨宅爲

兩院一奉佛一濟貧僧爲管理鰥寡孤獨事田產悉
捨院中兼及義地之用舍旁建堂以祀石母自兹辦
善舉者皆因其舊而增拓之然亦旋舉旋廢據乾隆
間院中木碑道光初吉林外紀及所訪問大略如此
凡遇貧民皆送留養官無經費歲以爲常近年續修
整理而數十年來田產失考過半其存者惟育冢之
義地及石熊氏墓旁地五十晌經費日絀掩埋等事
久廢前年臣與吳大澂檄同知廉瑞在院辦理施種
牛痘各局並掩埋浮厝之柩三千餘具各捐廉俸以
資經費籌贖可考地四十餘晌除廣義地外招佃收

租均歸兩院經理以存其舊每年由吉林府稽查一
次房屋田土只准增添不准毀賣遇經費不足隨時
籌款接濟以期推廣
皇仁其原捐田宅之石熊氏百有餘年族鄰無存雖無可
取結而宅基田產尚值千金昭昭在人耳目實與
旌表樂善好施之例相符擬請
天恩旌表由吉府林捐刻匾額懸其祠墓以彰隱德俟恭
奉
諭旨後再行欽遵轉飭該府刻石院中併妥擬章程一併
附刻以垂久遠云云檔冊

棲老所在府城隍廟左光緒十四年建屋四楹以棲年老貧民費由道署斗稅餘款內撥用據道署案牘

棲流所在府城西山神廟左光緒十九年署知府葉聯甲建屋十四楹以棲流民署知府謝汝欽籌市錢三千吊存商取息以食之同上

引痘掩埋局在府城白旗堆子前後房屋九楹同知廉瑞於光緒七八年間創設引痘掩埋由官集款經辦十八年置買民房設局於此有存商息款以充局費

附義地

一在巴爾虎門外張家窰後風水河北計地四十晌四至東至荒佃南至風水河西至壑溝北至荒佃一在西地藏寺計地東面廣東九十二弓西六十弓袤一百四十弓扣一萬六百四十弓西面廣東一百二十六弓中七十一弓西四十弓袤二百三十三弓扣一萬八千四百零七弓四至北至山根大道南至廟後義地東至賣主西至嚴姓南面北一百二十弓南五十六弓袤一百八十弓扣一萬五千八百四十弓四至南至廟西義地東至義地西至南半截至李姓北半截西界至廟地一在西石砑東計地東面南北長十四丈五尺西面南北長二十六丈五尺東西寬二十九丈四至南至大道北至業主荒格東至業主

荒格西至石砑廟墳地同上

長春府

同善堂在府城北前後房屋三十二楹光緒十一年署通判李金鏞集款拟設辦理養老引痘掩埋事存商市錢二萬吊取息充費據養正書院徵信錄附義地在北門外地藏寺旁計地南寬七十五弓北寬五十七弓東長二百七十九弓六尺西長二百八十七弓同上

伯都訥廳

引痘局在城內局房未置光緒十三年設存商息錢二千吊以充經費據道署案牘

賓州廳

引痘局在城内局房未置光緒十三年設年定紳商集捐市錢六百吊以充經費同上

雙城廳

引痘局在城内局房未置光緒十三年設有基租市錢九百三十六吊以充經費同上

前代

遼興宗景福元年冬十月丁卯賑黃龍府饑民遼史本紀

十八

道宗大安四年五月己未賑春州貧民

八年十一月丁酉以通州潦水害稼遣使賑之遼史本紀

二十五

東京如咸信蘇復辰海同銀烏遂春泰等五十餘城

內沿邊諸州各有和糴倉依祖宗法出陳易新許民

自願假貸收息二分所在無慮二三十萬石遼史食貨志上

金太祖天輔二年七月癸未詔曰博囉水原作匹里路完

顔珠勒呼原作朮里古渤海大嘉奴等六穆昆貧民昔嘗給以官糧置之漁獵之地今歷日已久不知登耗可具其數以聞金史本紀二

太宗天會元年九月癸酉發春州粟振降人之徙于上京者金史本紀三

二年四月振上京路　乙亥詔贖上京路新遷寗江州戶口賣身者六百餘人　十月甲子詔發寗江州粟賑泰州民被秋潦者同上　是年海蘭伊勒呼水霖雨害稼且爲蝗所食秋泰州潦害稼金史五行志

六年冬伊蘭路饑同上

十年二月庚午賑上京路戍邊明安民四月庚寅聞鴨綠江混同江水暴漲命徙戍邊户在混同江者出粟賑之七月甲午賑泰州路戍邊户　冬伊蘭海蘭等路饑同上

十一年十二月癸未賑海蘭原作曷懶路金史本紀二

熙宗天眷元年七月按春河水溢壞廬舍民多溺死金史五行志

世宗大定三年三月壬寅詔臨潢漢民逐食於會甯府濟信等州金史本紀六

二十五年四月壬申曲赦會甯府仍放免今年租稅

金史本紀八

元世祖至元三年三月戊戌賑實達勒達民戶饑元史本紀六

六年二月開元等路饑減戶賦布二疋秋稅減半碩達勒達戶減青鼠二其租稅被災者免徵免單丁貧乏軍士一千九百餘戶爲民同上

九年七月丁巳朔河南省臣言往歲徙民寔邊屯耕以貧苦悉散還家今唐鄧蔡息徐邳之民愛其田廬仍守故屯願以絲銀準折輸糧而內地州縣轉粟餉軍者反厭苦之臣議今歲沿邊州郡宜仍其舊輸糧

內地州郡驗其戶數俾折鈔就沿邊和糴庶幾彼此較便制曰可拘括開元東京等路諸漏籍戶　賑碩達勒達部饑元史本紀七

十二年二月命開元宣撫司賑濟喇敏新附饑民元史本紀八

十三年夏四月戊辰以河南兵事未息開元路民饑並弛正月五月屠殺之禁　庚辰以碩達勒達分地歲輸皮革自今並入上都元史本紀九

十八年八月壬辰以開元等路六驛饑命給幣帛萬二千疋民鬻妻子者官爲贖之元史本紀十一

二十年冬十月戊申給碩達勒達鰥寡孤獨者捐千疋鈔三百錠　十二月癸卯發粟賑碩達勒達四十九站　給布萬疋賑女直饑民一千戶元史本紀十二

二十三年十二月乙未遼東開元饑賑糧三月元史本紀十四

二十四年閏二月以女直碩達勒達連歲饑荒移粟賑之仍盡免今年公賦及減所輸皮布之半同上

二十七年二月開元路饑民站戶逃徙發鈔二千錠賑之元史本紀十六

二十八年五月賑女直等站饑民　冬十月從遼陽

行省言以納延哈坦相繼叛詔納蒙古人內附者及開元南京碩達勒達等三萬人牛畜田器同上

二十九年五月甲午遼陽碩達勒達女直饑詔呼圖克布哈原作忽都不花趣海運給之　閏六月丁酉遼陽瀋州廣甯開元等路雹害稼免田租七萬七千九百八十八石元史本紀十七

成宗大德元年以饑賑遼陽碩達勒達等戶糧五千石元史志四十五上

大德三年夏四月己卯遼東開元咸平蒙古女直等人乏食以糧二萬五百石布三千九百疋賑之元史本紀

二十

英宗至治二年九月戊戌大寧路碩達勒達等驛水傷稼賑之元史本紀二十八

泰定帝元年八月庚申市牝馬萬匹取湩酒振特爾格原作帖列干穆棱原作木倫等驛戶糧鈔有差元史本紀二十九

二年六月遼陽碩達勒達路饑賑糧一月同上

文宗天歷二年五月碩達勒達路烏蘇果勒千戶所大水元史本紀三十三

至順元年二月開元路呼爾哈萬戶府軍士饑賑糧二月　秋七月賑穆棱奇里至苦鹽泊等九驛每驛

鈔五百錠同上　九月遼陽行省碩達勒達路自去夏霖雨黑龍松阿哩二江水溢民無魚爲食至是邁拉遜一十五狗驛狗多餓死賑糧兩月狗死者給鈔補之元史本紀三十四

順帝元統二年六月大甯廣甯遼陽開元瀋陽懿州水旱蝗大饑詔以鈔二萬錠遣官賑之元史本紀三十八

吉林通志卷三十三

食貨志六　物產上

穀屬

黍禾屬而黏者也㠯大暑而種故謂之黍（說文黍部）其不黏者曰穈穈爲黃黍又爲穄穀色有黃白赤黑四種穈之米正黃色黍之米澹黃色色愈澹則其米愈黏秬黑黍也黍之不黏者有穈與穄之名於是黏者得專稱黍矣穈也穄也內則直呼之曰黍而今人乃以爲稷豈不謬哉（程瑤田通藝錄九穀考）甯古塔有黍大黃米也可作餳亦可爲酒（楊賓柳邊紀略）甯古塔打餻黃米爲之甚

精方拱乾絕域紀略今呼大黃米可釀酒作米粉盛京通志一百六後引皆同

穈說文穄也穈黍之不黏者如穛爲稻之不黏者稷爲秫之不黏者也穄說文穈也高誘註呂氏春秋曰關西謂之穈冀州謂之⿱髟黍廣雅䵒穈穄也段注說文第七卷牲饋食禮尸嘏主人有摶黍之儀必是炊穈爲飯不相黏著故令佐食者摶之而後授尸內則飯黍稷稻粱白黍黃粱鄭注黍黃黍也黃黍者穈也穄也飯用之今北方皆呼黍子穈子穄子穄與稷雙聲故俗誤認爲稷者九穀考靺鞨土多穄隋書八十一同州地宜穄黍北盟

會編三　女直有穄明一統志八十九

稷稷齋大名也黏者爲秫北方謂之高粱或謂之紅粱通謂之秫秫又謂之蜀黍蓋穄之類而高大似蘆南人呼爲蘆穄月令首種不入鄭注首種謂稷今以北方諸穀播種先後考之高粱最先北方稷穄音相通穄奪稷名承譌日久論者因謂稷穄爲一物而以黏不黏分黍稷失之矣九穀考　大烏喇虞村地宜穀宜稷宜稗扈從日錄　蜀黍今呼高糧土人率多飯此漚爲米粉食品所珍又可入麵燒酒盛京通志　寧古塔穀有高粱蜀黍也柳邊紀略　蜀黍可作餻及粥可濟飢亦可養畜

莖可織箔編席夾籬供爨稍可作帚殼浸水色紅可以紅酒有利於民者最博廣羣芳譜九

秫稷之黏者說文禾部有黄白二種所謂秫也秫爲黏稷不黏者亦通呼爲秫秫而他穀之黏者亦假借通稱之曰秫陶淵明使公田二頃五十畝種秫者稻之黏者也崔豹古今注所謂秫爲黏稻是也九穀考黏蜀黍一種殼黄一種殼黑與蜀黍無異但性黏盛京通志有赤白黄三色皆可釀酒熬餳作餻本草二十三

稻說文稌也今俗概謂黏者不黏者未去糠曰稻稉稻秈稻秔稻皆未去糠之稱也既去糠則曰稉米曰

秈米曰秔米古謂黏者爲稻謂黏米爲稻說文段注第七稻
一名稌堪作飯作粥南方以爲常食北方以爲佳品
有水旱二類南方下濕宜水稻北方澤土宜旱稻廣羣芳譜九渤海俗所貴者有盧城之稻唐書二百十九甯古塔地
極肥饒五穀皆生惟無稻米皆購之於高麗至甯古
塔每升須銀二三錢惟宴客用之吳振臣甯古塔紀略稻稌種
初來自奉天近則種者甚多惟出伊通河一帶爲佳
粒長色白俗名本地西西鮮雙聲蓋謂鮮云採訪冊
黏稻即糯米亦稱大米性黏味甘香可釀酒亦可爲
糍糰糦糗等食所用頗贍滬爲米粉食品尤珍盛京通

志

甯古塔穀有黏稻用以造酒（柳邊紀略）飛石黑阿峰黏穀米餻也色黃如玉味膩如脂煩香潔俗重跳神祭品此爲上獻（扈從坿錄）

粱說文禾米也凡黍稷稻之米無別名禾之米則曰粱（段注說文第七）周官倉人職掌粟入之藏注九穀盡藏焉以粟爲主鄭氏注太宰職九穀中無粱此言九穀以粟爲主則是粱卽粟矣史記索隱載三蒼云粱好粟其證也內則言飯有粱又有黃粱是粱者白粱也今北方猶呼粟米之純白者曰粱米（九穀考）粱較穀米粒大兼有黃白青赤諸色白粱卽詩經之芑赤粱卽爾

雅之虋今統曰粱按古以米之有稃殼者爲粟今以穀之最細而圓者爲粟殼曰飯穀米曰小米考周禮九穀六穀之名有粱無粟則粱亦粟也今之小米色黃卽黃粱也盛京通志靺鞨土多粟隋書八十一黑水靺鞨有粟唐書二百十九女直有粟明一統志八十九甯古塔穀有粟小米也柳邊紀略甯古塔稗子惟貴人食之下此皆食粟曰粟有力也絕域紀略

大麥爾雅謂之麰莖葉與小麥相似但莖微麤葉微大芒長殼與粒相連碾米作粥飯甚滑幷可作麪和蜀黍以燒酒及喂馬之用廣羣芳譜七甯古塔穀有大麥

柳邊紀略

穬麥有二種一類小麥而大一類大麥而大又名春穬亦呼黃稞形狀與大麥相似但皮厚色青作麪脆硬 廣羣芳譜七 穬麥似大麥而大土人與稗米作飯頗滑潤名玲瓏麥 扈從目錄 甯古塔開闢以來不見稻米一顆有粟有稗子有玲瓏麥有大麥近亦有小麥卒不多熟麪麥亦堪與小麥亂也 絕域紀略

小麥勿吉土多麥 魏書一百 靺鞨土多麥 隋書八十一 黑水靺鞨有麥 唐書二百十九 女直地種麥 明一統志八十一 小麥即詩之來色最潔白性復宜入麪 盛京通志 甯古塔產小麥 柳邊

紀略

蕎麥伏種秋收更三四磨白如雪味甘香勝中土所產作餅鬆美盛京通志甯古塔穀有蕎麥柳邊紀略

稗似禾而別於禾之穀莖勁采不下垂略似粟但穀色近黑又一種名野稗亦曰水稗爲黍別一本數十莖莖淡紫色葉色深綠穗疏散大暑後穀熟光澤如黍九穀考說文稗禾別也注氾勝之書稗既堪水旱種無不熟之時良田畝得二三十斛稗中有米熟擣取米炊食之不減粱米又可釀作酒說文義證二十一馬擴茅齋自敘混同江以北不種穀麥所種止稗子自過嬪

辰州東京迤北絶少麥麵北盟會編三宜下濕地米最甘滑盛京通志稗子米吉林名希福百勒塞田墝瘠故種黄稗亦自芃芃可愛需火焙而始舂脱粟成米圓白如珠東巡附錄甯古塔以稗子爲貴非富貴家不可得柳邊紀略稗之精者至五六舂近有碾間稾粟以就碾絶域紀略

玉蜀黍又名玉米榦葉似蜀黍而肥矮苗高三四尺穗如秕麥苗心别出一苞苞上出鬚如紅絨垂垂子藏苞中顆顆攢簇如芡實大有黄白二色廣羣芳譜九俗呼包兒米漚粉可食盛京通志

大豆古謂之菽有黑白黄褐青斑數色黑豆小者爲

雄豆入藥大者堪食用作豉及喂牲畜黃豆亦有大小二種可食可醬可豉可油可腐腐之滓可喂豬廣羣芳譜十渤海俗所貴者栅城之豉唐書二百十九說文枝配鹽幽尗也豉俗枝從豆食療本草豉以大豆爲黃烝烝每一斗加鹽四升椒四兩春三日夏兩日冬五日即成半熟說文義證二十二又小白豆叢生子赤色和蜀黍炊飯極佳採訪册

小豆古謂之荅有綠赤白三種可煮可炊可粥飯可作麪食餡色赤粒小者入藥廣羣芳譜十甯古塔交易以粟豆絕域紀略

綠豆有二種可作粥飯磨爲粉作餌蒸餻以水浸溼生白芽又爲菜中佳品廣羣芳譜十

豌豆葉嫩時可茹子如藥丸嫩可煮食老可炒食可作麵食餡磨粉白而細膩廣羣芳譜十有大小二種盛京通志吉林出者最佳食之月餘猶似京中新入市者

蠶豆一名胡豆廣羣芳譜十蠶時有之豆中惟此無枝蔓亦呼樹豆盛京通志

豇豆莢必雙生有紅白二種長而肥者充蔬皮薄者秋成食子名打豇同上

藊豆色亦不一白者入藥同上甯古塔種扁豆較難熟

熟亦不能得子（絕域紀略）

雲豆俗呼六月鮮（盛京通志）近有羊角豆七鼓豆諸名又海外白雲豆角長尺餘子如豬腰子形一種莢長二寸許子大而圓斑色俗呼家雀蛋（採訪冊）

脂麻一名胡麻陶宏景曰胡麻八穀之中惟此爲良純黑者名巨勝時珍曰古者中國只有大麻其實爲蕡張騫得油麻種來故名胡麻以別中國大麻也（本草綱目二十二）脂麻有黑白赤三色取油和味白者勝服食黑者良（廣羣芳譜十）吉林出者粒足而味厚

大麻即今火麻有雌有雄雄者爲枲雌者爲苴大科

如油麻葉狹而長可取油燃燈剝其皮作麻其稭白而有棱可爲燭心本草綱目二十二

荏說文桂荏蘇六書故荏白蘇也子如粟米可食亦可壓油本草荏子味辛温陶注荏狀如蘇高大白色不甚香其子研之雜米作糜甚美說文義證三今稱爲蘇麻即此物也採訪册

薏苡米白如糯可作粥飯可磨麪食亦可同米釀酒廣羣芳譜俗名草珠子米入藥曰薏仁盛京通志吉林九十九

諸城多有之伊通州所產潔白而粒大尤佳採訪册

蔬屬

葱金史海蘭路舊貢海葱地理志上葱有三四種冬葱夏衰冬盛莖葉氣味俱美漢葱冬即葉枯蔓葱皮赤葉歧出如八角廣羣芳譜十三俗稱爲寒葱採時頻以寒葱嶺之水洗淨即時用鹽盛罐方不能壞易水未能長也產輝發城一帶吉林外紀七

韭莖名韭白根名韭黃花名韭菁可醃作茹廣羣芳譜十三山韭亦衆家韭葉差狹根宿地自生爾雅義疏釋草產輝發城一帶尤佳吉林外紀七

蒜一名胡蒜每顆五六瓣或十餘瓣亦有獨顆者春食苗夏食薹冬食種廣羣芳譜十三小蒜名小根菜吉林開

凍時百草未萌小根菜先見青芽味辛而香吉林外紀七

䪥一名火葱根如小蒜一本數顆相依而生廣羣芳譜十三又有山䪥爾雅謂之葝莖葉與家䪥相似而根差長葉差大本草綱目二十六吉林用以充貢採訪册

芥有青芥紫芥白芥南芥刺芥旋芥花芥石芥皺葉芥皆菜之美者廣羣芳譜十四俗以大芥爲芋芥以馬芥爲癡芥白芥子入藥盛京通志馬擴茅齋自敘阿骨打聚諸酋共食齏韭野蒜長瓜皆鹽漬肉或生臠多芥蒜漬沃北盟會編三

茴香一名蘹香生苗作叢肥莖綠葉子如麥粒小茴

香芳香不及茴香廣羣芳譜十三

秦椒結椒長於棗而上銳生青熟紅味至辛土人多食之又一種結椒向上者名天椒盛京通志

蒝荽俗呼香菜同上

薑苗青根嫩白老黃無實紫芽薑芽如列指狀廣羣芳譜十三

蓼辛菜說文艸部今人但取蓼子生芽亦可茹盛京通志

伽爾密蓼芽菜也烏喇地寒及秋卽無生菜取蓼花子溼之覆以剉草置炕側熯蒸生芽如綫色微紅其味辛辣扈從日錄

菘俗呼白菜有二種肥厚嫩黃者爲黃芽白窄莖者爲箭桿白盛京通志近有外洋白菜最肥大葉深青色肥美無滓採訪册

菠薐菜今呼菠菜盛京通志

莧赤白二種皆可茹馬齒莧一名五行菜以其葉青梗赤花黃根白子黑也同上

葵勿吉菜則有葵魏書一百女直土產葵菜明大統志八十九說文葵菜也古人種爲常食有紫莖白莖二種以白莖爲勝子如榆莢仁四時皆可種王楨農書其菜備四時之饌本豐耐旱味甘無毒蔬茹之要品也說文義證三

同蒿形氣同蒿亦可茹蔞蒿今呼蔄蒿菜盛京通志

芹水旱二種赤白二色同上

蘇今有紫白二種收子榨油同上嫣龍膩盟蘇子油也種若紫蘇而葉不紫列畦如樹穀實離離擷而舂之炊熟置葦籠中載以木盤壓以巨石斗實得油數升扈從日錄

油用蘇子油似紫蘇子油滓坳麻梗爲糠燈甯古塔紀略

蘇子油斗得油八九斤氣頗觸鼻品在菜油下柳邊紀略

蕨薹色青紫末如小兒拳盛京通志俗名吉祥菜產吉林山中吉林外紀七

薺開細白花結莢如小萍初生可茹盛京通志

苦蕒葉似苦苣而細斷之有白汁花黃似菊根葉皆可茹此爲苦菜卽詩之荼也同上渠麻菜吉林有之然生無常地常時多在旺地吉林外紀七

灰蓧爲蔬甚佳其子蒸曝取仁可炊飯及磨粉食廣羣芳譜十五

蘑菇種類不一生於榆者爲榆蘑生於榛者爲榛蘑而榆肉生樹窟中味尤美卽古所謂樹雞也舊志蘑菇有凍青羊肚蒿子雞腿鋸盤粉子等名盛京通志

交烏郎匾子尾也菌屬巨木雨餘所蒸含苞而毳狀若

芝味甘膩扈從附錄麅子尾即猴頭絶域紀略蘑菇箇莫大於猴頭味莫鮮於雞骸柳邊紀略吉林一省尤爲產蘑之藪生於倒枯松上圓逕一二尺而色白者爲松花蘑最不易獲紫色而散生者爲松散蘑斫伐椴樹俟三年後枯朽而生者爲黃蘑又名凍蘑色深黃生樺木上而有莿者名莿蘑耦生者爲對子蘑秋生者爲花臉蘑特性寒不宜多食耳東華輯要

木耳質厚味勝他產盛京通志甯古塔有之甯古塔紀略

石耳生山石上吉林諸山中有之盛京通志

菰首菰雕菰也其根生小菌者曰菰菜生大菌者曰

菰首亦曰茭筍又曰茭白其實曰雕菰（九穀考）

挾劍豆酉陽雜俎樂浪郡有挾劍豆莢生橫斜如人挾劍卽今刀豆（盛京通志）

山藥本名薯蕷亦可入藥（同上）

芋味甘蒸煮任意土芋肉白皮黃以灰煨熟食之尤美（廣羣芳譜十六）近有海外土豆皮淡紅色大於中產又高麗土豆黃白色但其味均不甚美耳（採訪冊）

甘藷其根似芋大者如鵝卵小者如雞鴨卵剝其皮肉白如肌蒸煮皆甜美（廣羣芳譜十五）有紅白二種紅者名紅藷白者名白藷俗呼地瓜（本草綱目二十七）

蘿蔔圓而皮紅者爲大蘿蔔長而色白者爲水蘿蔔子入藥名萊菔又一種色黃曰胡蘿蔔通志盛京三姓所產不但皮紫瓤亦紫味逾冰梨吉林外紀七

萵苣白者名白苣斷之有汁開黃花如苦蕒結子亦同宜生食故名生菜色紫者名紫苣和土作器火煆如銅廣羣芳譜十五苦苣菜卽萵苣五月花其色淡黃味極苦此爲委葉之荼之一種也通藝錄釋草小記

茄子有海茄水茄旱茄之別色亦各異通志盛京

擘藍其根比芥頭稍大以醬醃之肥美異常葉可作菹或作乾菜廣羣芳譜八十九　擻蘭結實可斤餘其腴勝長

安種絶域紀略

山豇豆葉闊於榆縷赤無齒其莖中空氣味頗似豇

豆通志盛京

紅花菜一名紅百合根似百合小而瓣少莖亦短小

葉狹而尖開紅花六瓣不四垂亦結小子采其花跗

未開者陰乾爲蔬廣羣芳譜四十七卽山丹花今之捲丹也

白者名百合根如蒜頭有瓣根皆可食百合亦入藥

吉林產此通志盛京

黃花菜野生田澤小科如薺花黃色一科數花結細

子形似油菜但味少苦取爲羹茹甚香美廣羣芳譜十七亦

名金鍼菜通志 盛京 甯古塔產者極多而肥甯古塔紀畧
杏葉菜卽桔梗苗又一種歪脖菜爲沙參苗通志 盛京
杏葉菜葉似杏歪脖菜似杏葉菜而大葉圓其梗至
頂稍彎故名皆山蔬之可食者採訪册
山兒菜似菠薐而高大葉圓鮮可茹通志 盛京
步連菜生野中類苦菜葉微大莖如筯同上
河白菜生近水田閒採食之同上
甜漿菜生野地葉長色白味甘同上
酸漿菜似羊蹏而葉細酢可食爾雅謂之蘵蕪同上卽
醋醋流莖葉俱似羊蹏而小葉青黃色生啖極脆味

酸欲流兒童謂之醋醋流爾雅義疏釋草

龍芽有二種一曰樹龍芽葉似椿而大初長刺條來年於頂上吐芽採爲茹其條便枯一曰地龍芽葉亦相似通志盛京

鎗頭菜即蒼朮苗上同

鵝掌菜吉林方物竹葉亭雜記一

老鎗菜一名俄羅斯松抽薹如萵苣高二尺餘葉出層層刪之其末層葉葉相抱如毬取次而舒已舒之葉老不堪食割毬烹之略如安菘郊圃種不滿二百本八月移盆官弁分畜之通志盛京

海藻黑色亂如髮葉似藻葉海帶俗呼海白菜似海藻而粗柔韌而長紫赤色採者并海藻通呼爲海菜海薀葉似亂絲亦海藻之類琿春所出頗盛吉林外紀七

昆布較之海帶則細其實一類也通志盛京渤海所貴者南海之昆布唐書一百十九

瓜屬

越瓜種始自越一名稍瓜一名菜瓜結瓜有青白二色較黃瓜頗麤色綠而黑廣羣芳譜十七甯古塔瓜茄菜豆隨所種而獲霜遲則皆登於菹絶域紀略瓜各種俱有然價甚昂柳邊紀略

黄瓜種來西域今爲常蔬又高麗瓜色黄形圓俗呼柿子瓜又有南瓜種出南番又倭瓜種出東洋今皆爲土宜矣盛京通志

攪瓜形類倭瓜而小内生筋絲醬醃蜜漬皆宜食時以筋攪取出之似縷切者同上俗呼西葫蘆採訪册

絲瓜瓜時以石壓之則直老則筋如亂絲盛京通志

長瓜馬擴茅齋自敘混同江以北産長瓜北盟會編四

瓠瓜即匏瓜亦即壺蘆本草綱目二十八今以長者名瓠子圓者名葫蘆皆可食細腰者爲藥葫蘆小扁者爲油

葫蘆盛京通志

苦瓜充蔬苦澀本草綱目二十八

西瓜女直果有西瓜北盟會編三形如扁蒲而圓色極青翠經歲則變黃其瓞類甜瓜味甘脆中有汁尤冷可留數月但不能經歲亦不變黃色有久苦目疾者曝乾服之而愈松漠紀聞契丹破回紇得此種以牛糞覆棚而種大如中國冬瓜而味甘契丹志二十五引胡嶠陷北記靺鞨國西瓜一枚二八舉之瀛涯勝覽

香瓜卽甜瓜向有銀皮瓜芝蔴粒諸名盛京通志極香甜夏日盡飽無破腹之患甯古塔紀略

果屬

松子女眞所產（北盟會編三）三萬衛出焉（明一統志八十九）生松塔中（高宗御製盛京土風雜詠詩注）烏拉甯古塔山中最多（盛京通志）而窩集中所產更勝結實大而芳美（御製詩序）

通行各省（盛京通志）松塔松子蔀也（柳邊紀略）其形下豐上銳層瓣鱗砌望之如窣堵每瓣各藏一粒既熟則瓣開而子落（御製詩注）打松子者入阿機中伐木取之木大塔多者取未盡輒滿車（柳邊紀略）

劉綸恭和

御製松子元韻虛濤起天半離立滲長松古貌又古心顥氣含清空有如全眞子鮐耇顏彌童層臺粲玉粒胎息

香霧重仙人善吐納休糧此山中緗核厭碧柰素的
嗤金蓉忽夢十八公朵珍嘗見逢翊旦聞
和鑾持獻林衡同璚田種青精透甲輸芬濃願壽
西王母丹梯攧淩風連臂雖教猱探領空呼龍白苓與赤瑿
竟付樵蘇翁
詔下禁伐樹曠然爲發蒙毋俾後彫質乃隨陽木攻敬維
至教宣靈産資元功一百十九盛京通志
汪由敦前題北産薦嘉秩最數榛與松松子實尤勝
不比榛多空諺云十榛九空向聞學仙術久餌顏如童泛茗
玉蕊清飣盤玉顆重欲識採攧處今見篙集中鬱鬱

復森森連林冠芙蓉青鱗纈絳塔往往柀間逢外介而内腴輭美安可同金粉糝花細琥珀流脂濃一掇纍纍實爲想謖謖風不知幾千歲蟄此百尺龍疑從支離叟便訪穀城翁即看珠朶湛尚有香雲蒙棟梁蘊瓌材樵蘇遠難攻落實全其天保護依神功同上

榛子樹低小如荆叢生開花如櫟其實作苞三五相黏一苞一實生青熟褐殻厚而堅仁白而圓廣羣芳譜五十六各衛俱出明統志香美甲於他省經荒火燒落者尤佳盛京通志樹高二三尺草也而似木經霜後子落可

拾榦可爲薪否則入野燒春夏間復生柳邊紀略

普盤蔓生實如桑葚而短色紅味甘酸盛京通志爾雅前山莓郭注今之木莓也實似藨莓而大亦可食莓有數種皆蔓生此則植生樹高四五尺枝亦柔輭莖多逆刺葉有細齒頗似櫻桃葉而狹長四月開白花結實如覆盆而大南人呼爲普盤北人呼爲縏門皆即藨莓聲之轉也爾雅義疏釋草產吉林山中實類楊梅色紅而鮮豔採摘逾夜即化爲紅水吸飲尤香美吉林外紀七

草荔枝叢生朱顆味甘似普盤而無子內地所無烏

拉間有之皇朝通志一百二十六

伊爾哈穆昆出甯古塔叢生數寸莖端結果色紅味甘而酸入口成液置器中少刻即化為水一名桃花水俗呼高麗果盛京通志又作一兒噶木克花兒水也因色以名碧華敷地實綴葉上淺紅而鮮望之如落花片片其味甘而多汁居人爭採食之東巡坿錄桃花水草本狀若楊梅而無核色紅味甘質輕脆過手即敗五六月遍地皆是居人擇最多處設帳房或棚子釀分載酒男女各為羣爭採食之明日又移他處食盡乃已柳邊紀略草本紅籐生雜草中甯古塔紀略

法佛哈一名紅櫻即白桜果盛京通志實如小杏味酸甜甯古塔所出皇朝通志一百二十六法佛哈米孫烏什哈味皆甜酸可食柳邊紀略密孫烏什哈甯古塔等處有之木樹連綴而生形類櫻桃味微甘酸一名烏綮拉齊盛京通志

烏祿栗似橄欖綠皮小核味甘而鮮木本小樹也甯古塔紀略

烏立老鴉眼也幹柔葉小結實圓如珠色紫而味酸樵者採以止渴扈從坿錄

歐李子柔條叢生高二尺許花白實如小李色紅味

酸一名烏拉柰盛京通志　歐栗子似櫻桃味甘而酸木本小樹寧古塔紀略　歐李子色赤而澀絕域紀略　烏拉納紅果烏拉一帶之地尤多實如楊梅而大味甘酸皇朝通志一百二十六

英莪紅草果也結實纍纍如桑葚甘好可食叢生原隰閒或言鸚哥闘多此草遂名傳訛爲英莪也扈從日錄下　案清語謂稱梨子爲英額作鸚哥者以聲同致誤高氏反以英額爲誤非也

稱梨子亦名英額梨叢生結實形如野蒲萄而稍小色黑味甘澀屑爲麪暑月調水服之可以止泄瀉土人珍之盛京通志

紅姑娘苗如天茄子高三四尺四五月開小白花結薄青殼熟則紅黃色實大如龍眼本草綱目十六外垂絳囊中含赤子如朱櫻一名燈籠果盛京通志一名紅娘子狀若彈丸色紅可愛味甘酸子若魚子八九月間熟草本有蔀若秋葵蕊而淡紅烹湯亦可飲柳邊紀略爾雅葴寒漿注今酸漿草楊慎卮言本草燈籠草苦耽酸漿皆一物也重複耳燕京野果有紅姑娘乃紅瓜囊之訛此說得之今京師人以充茗飲可滌煩熱爾雅義疏釋草

枸杞子形如麥實味酸色紅俗呼狗嬭子盛京通志

梨甯古塔梨子雖小味極美與葡萄作餻色味俱精此二種內地所無也甯古塔紀略又有酸梨皮黑盛京通志天寒凍結其堅比石浸之以水寒氣內融冰屑外結以手振之裂如脫殼去其繫而吮之甘洌無比

桃金時甯江州獻瑞桃其大異常一本而連實者三大金國志十三

李渤海所貴者丸都之李唐書二百十九甯江州地苦寒多草木如桃李之類皆成園至八月則倒置地中封土數尺覆其枝幹季春出之厚培其根否則凍死大金國志十三

杏色味俱佳盛京通志西門外有石壁臨江長十五里

白梨紅杏參差掩映甯古塔紀略

安石榴又名海榴盛京通志

玉櫻紅白相間其紅者曰朱櫻同上

葡萄有紫碧圓長之別一種山產者實小味酸有黑白二種其尤小而深黑者即詩之薁同上吉林用以充貢竹葉亭雜記今裁

花紅實紅黃色可蜜漬盛京通志

蘋果花粉紅色果紅碧相間同上

檳子似花紅而大同上小於蘋果而稍長色紫味甘微

灑採訪册

沙果似蘋果而小盛京通志

山楂大而紅土人呼爲山裏紅可蜜漬同上亦可爲餻

甯古塔紀略　果子單山渣煑漿爲之狀如紙薄勻淨可卷

舒色紺紅故名果子單味甘酸止渴扈從東巡附錄今吉林

間有作之者採訪册

核桃吉林用以充貢竹葉亭雜記一又一種山核桃生楸樹

上形似胡桃而長殼堅厚肉味頗勝盛京通志、

東北地所產色青味甘可蜜漬同上

栗可炊食之有數種大者爲板栗稍小者爲山栗小

如橡子者爲莘栗小如指頂者爲茅栗本草綱目二十九今北地出者實小而味佳盛京通志

郁李多生山原間子如櫻桃仁入藥同上收實多者歲必大熟農人常視爲占候採訪册

羊桃爾雅長楚銚芅郭注今羊桃也邢昺疏詩檜風隰有長楚陸機疏云今羊桃是也葉長而狹花紫赤色其枝莖弱過一尺引蔓於草上今人以爲汲灌重而善沒不如楊柳也近下根刀切其皮著熱灰中脫之可韜筆管爾雅義疏釋草一名藤梨生山谷中藤著樹生其實形似雞卵大其皮褐色經霜始熟甘美可食皮

堪作紙本草綱目三十二用其汁以合石粉可固石田雯黔書吉

林用以充貢竹葉亭雜記一今裁

葧臍澱子中亦生人不知食柳邊紀略

菱色有紫黑形有兩角三角四角佳者歲取以供祀盛京通志

蓮葯小於建蓮亦可入藥同上土人素不識因游東京者往尋蓮陂土人遂擷之以市絕域紀略

藕紅花者蓮多藕劣白花者蓮少藕佳廣羣芳譜六十六吉

林産者亦佳採訪册

藥屬

人蓡春秋運斗樞瑤光散而爲人蓡金史地理志契丹國志女眞地饒山林土產人蓡甯江州榷場以人蓡爲市一統志吉林烏拉諸山中產焉邃谷深巖蓡株叢茁歲生滋饒上藥咸珍瑞草儲精敷榮萃秀實足爲億萬載靈長之徵云通志

盛京春中生苗多在深山背陰椵漆樹下潤溼處初生小者三四寸許一椏五葉四五年後兩椏五葉至十年後生三椏年深者生四椏各五葉中心生一莖俗名百尺杵三四月開花細小如粟蕊如絲紫白色秋後結子或七八枚如大豆生青熟紅自落扈從日錄

人蓡草本方梗對節節生

葉葉似秋海棠生深山草叢中較他草高尺許生者
色白蒸熟輒帶紅色紅而明亮者其精神足爲第一
等今之醫家俱以白色者爲貴大謬凡掘蘉者一日
所得晚即蒸炙晨晒於日中乾後有大小紅白不同
非地產之異故土人貴紅賤白蘉鬚蘉葉蘉子無不
珍之蒸蘉之水復以蘉梗葉同煎收膏寧古塔紀略 秋冬
採者堅實春夏間採者虚輭故今採者多在七八月
初夏得者曰芽蘉花時得者曰朶子蘉霜後得者曰
黄草蘉採者多山東西人其死於饑寒者不知凡幾
各分走叢木中尋蘉子及葉其草一莖直上光與曉

日相映則跪而刨取其根洗剔煮之貫以縷懸木乾之關東八呼蔆曰貨又曰根子肉紅而大者曰紅根半皮半肉者曰糙重空皮曰泡視泡之多寡定貨之成色足色者斤售銀十五兩八九色斤售銀十二三兩六七色斤售九十兩對中者六七兩泡三兩若一枝重一兩以上則價倍一枝重斤以上價十倍成人形者則無定價矣產蔆之地設官督丁每歲以時搜採俱有定所定額核其多寡而賞罰之或特遣大員監督甚重其事至王公宗室亦各按旗分地令其搜採甲子乙丑以後烏拉甯古塔一帶採已盡八旗分

地徒有空名走山者非東行數千里入黑斤阿機界中或烏蘇里江外不可得矣柳邊紀略二椏者俗呼爲二甲子三椏者爲燈臺子挖蔘皆以木劚忌見鐵採得者以松椴皮和土裹之其精液竭者謂之啞叭蔘不值價又有海貨蹲樹秧移諸名大概皆移種而成者然亦須俟五六十年後始取之其六七年取者爲秧子蔘品最遜矣東華輯要

五味子女直出明一統志出吉林者最佳吉林外紀七八十九

黃精甯古塔產甯古塔紀略黃精極多賤者乃食之柳邊紀略

白附子熟女眞土產契丹國志二十二

天南星熟女眞土產上同

茯苓吉林烏拉大山中多老松茯苓茯神及松香皆有之通志盛京

豬苓多生楓樹下塊色黑如豬矢皮黑肉白而實者良本草謂木之餘氣所結亦如松之結茯苓之義吉林外紀七

百布熟女眞土產上同

細辛以產吉林者爲佳吉林外紀七

桔梗甯古塔產甯古塔紀略

貫衆吉林貢產有貫衆菜竹葉亭雜記一

黄耆甯古塔所產爲佳敦化縣次之採訪册

赤芍吉林所產較勝他處亦有白者盛京通志

玉竹似黄精苗卽小筆管菜同上

車前俗呼車輪菜同上

茱萸東北諸山亦有之亞於吳產盛京通志

百合一類三種惟百合入藥吉林產同上

黄芩吉林產同上

防風黑龍江諸境亦產同上

萎蕤根似黄精而小異吉林外紀七

柴胡如前胡而輭入藥亦良同上

升麻葉似麻同上

紫草根花俱紫可以染山產粗而色紫入藥園產細而色鮮只可染物同上

王年牛生深山密林朽木上性溫其形長有寸許細如花莖色黑肉白能下乳不易得產綏芬烏蘇哩諸山中刨蔘人有認識者採之售買此藥本草綱目所無同上

翻白草高盈尺一莖三葉尖長而厚有皺紋如鋸齒面青背白開小黃花結子皮赤肉白如雞肉故又名雞骰根荒年可採食同上

穀精草穀田餘氣所出吉林尤多同上

狼毒葉似商陸及大黃莖葉葉上有毛以實重者爲良同上

旋覆花多生水旁長二尺許細莖葉似柳花如菊大如錢又名金錢花同上

石葦生諸山中石上盛京通志

卷柏一名石花叢生石間遇雨則開苗似柏葉而細拳攣如雞足外白內綠或曰青黃色高三五寸無花子宿根紫色多鬚採置水中經月如新其性耐久故又名長生不死草參盛京通志吉林外紀

樹膽生樹間如膽同上

四臺草生東海岸土人珍之龍膽草白蘚夏枯草山谷中亦閒生焉同上

茺蔚即詩之蓷今名益母草盛京通志小暑端午或六月六日採用治百病尤良吉林外紀七

一枝蒿一名五龍草又名天仙子漏蘆寄奴草馬鞭草山谷閒悉叢生焉盛京通志

無名異俗呼土子同上

鍾乳石生山洞中同上

老鶴觜蔓生枝閒結角形如鶴觜入藥治風亦可染

皁同上

鼠尾草生田野平澤中甚多紫花形如鼠尾外紀

地膚苗可作蔬子入藥廣羣芳譜九十六

五加皮五葉交加宜漬酒盛京通志

艾爾雅謂之冰臺同上

罌粟俗呼萵苣蓮六月始花高尺許葉如萵苣單瓣微紅中土人攜千層五色種佈輒變又名生菜蓮花有紅有白子榨油殼入藥盛京通志結子有漿即鴉片

煙俗名爲煙土吉林煙土與雲土並稱植者獲利甚厚採訪册

花屬

長春柔條紛披黃花爛熳逐時開放吉林有之盛京通志

芍藥花金太祖十四年生紅芍藥北方以爲瑞女直地多白芍藥花野生向無紅者好事之家採其芽爲菜以麪煎之其味脆美大金志一英額門外獵場中有芍藥兩叢相對繁柯密葉其下不生雜草凡鳥獸避迹不敢蹂踐花時人過之畏不採擷或有所犯必致疾病因名其地爲花園盛京通志

牡丹諸蕃記渤海富室往往爲園池植牡丹多至三

二百本有數十餘叢生契丹國志二十六　紅黃兩色俱有之盛京通志

玫瑰五月開玫瑰始開香聞數里平原曠野一望無際採而爲餹土人奇而珍之甯古塔紀略

荷花吳兆騫天冬小紀火茸城西芰荷彌渚扈從日錄

迎春經春即開又有探春春過始開盛京通志

垂絲海棠有絲下垂一種曰貼根同上

雀兒花色翡翠似鴛鴦菊而單蒂蹴橫枝上如鳥之翔同上

閃緞花以色名似龍爪而小山丹而曲同上

草芙蓉不知何以名葉細如皂莢花黃同菊瓣高者亭亭二尺許同上

日奇花類蝴蝶花而小一莖數十花每日辰收申放爲數必奇故名同上

山胭脂花有紅黃紫白諸色又名粉團花俗呼茉苨花同上

金盞花黃花如盞秋深猶茂同上

醉八仙花色紫如丁香同上

金雀花形如小雀黃色同上

藍雀花其花如雀有身有翼有尾有黃心如兩目或

云郎茱萸花（廣羣芳譜五十三）今吉林諸處多有之

月季花亦曰月月紅又有十姊妹一枝數朵相簇（盛京通志）

江西臘花似菊色亦不一（同上）

串枝蓮花粉紅色蔓生郎牽枝牡丹（同上）

高麗菊原產朝鮮枝葉類萬年菊單瓣色黃赤相間如虎皮（同上）

萬年菊花葉類草芙蓉色黃枝柔一本可百餘花或謂郎層瓣高麗菊（同上）

重樓金錢花名也出長白山花心抽絲如金長至四

五尺每尺寸縛結如樓形山中人取以織之成輻陶宗儀元氏掖庭記元菟北有山山有花人取紡績爲布元氏掖庭記元中長白山產重樓金綫明一統志八十九生於陰溼之地亦名紫河車亦名草甘遂亦名三層草處處有之未有採者盛京通志

草屬

淡巴菰卽煙草冬可禦寒盛京通志東三省俱產惟吉林產者極佳名色不一吉林城南一帶名爲南山菸味豔而香江東一帶名爲東山菸香豔而醇城北邊台菸爲次甯古塔菸名爲台片獨湯頭溝有地四五

晌所生菸葉止有一掌味濃而厚此南山東山名片湯頭溝之所分也通名黃菸捆載入關者最夥爲土人衣食所資吉林外紀七

紅根草葉瘦而長柔韌可爲繩盛京通志烏拉草出近水處細長温軟用以絮皮鞋內雖行冰霜中足不知冷皮鞋名烏拉諺云吉林三樣寶人蔘貂皮烏拉草寧古塔紀略護臘草履也絮毛子草於中可禦寒毛子草細若綫三棱微有刺生澱子中拔之頗觸手以木椎數十下則輭於綿矣柳邊紀略𩏂佬姑兒哈非烏拉草也塞路多石磧復易沮洳不可以履縫革爲履名烏喇

烏喇堅足不可裹澤有草柔細如絲摘而撻之實其中草無名因用以名扈從日錄檾麻女眞國地饒山林田宜麻穀契丹國志二十六檾麻土人需此治繩種之田中盛京通志大葉逕六七寸白露時猶開黃花五出大如錢結實有房如蓮房大不及一寸房有棱每棱中密布細子扁而黑亦可食其皮不及枲麻之堅韌今俗爲麤繩縲多用之九穀考其皮漚爲麻耐水爛可織爲毯被及作汲綆牛索牛衣雨衣草覆等具廣羣芳譜十二有綫麻檾麻之別綫麻堅實一切繩套綑縛爲用無窮吉林城北一帶種者居多需

用尤切每歲所收不減於菸并皆轉運內地歲售銀百餘萬兩吉林外紀七

蓰草可治木錫諸器盛京通志

塔子頭窪地叢生其根裹土壅如小塔同上又可雕作木器廣羣芳譜九十一　或名和尚頭苗長尺許若麥門冬草春綠夏青秋白冬則土人以火燎之焦而黑矣根紫色細若綫糾結成團堅如木石大者抱小者握自相聯絡參差立泥淖中馬行其上春夏最難一失足陷隙際不能起秋冬冰堅則如陸地然和尚頭仍不與冰等土人有取以爲枕者玩之絕可愛柳邊紀略　自嘉祐

禪至阿爾灘訥門山谷之閒淀水停瀦積草凝塵積塵生草新者上浮水際腐者退入淤泥游根牽惹纍纍成墩馬踏其上不慎則陷失足則墮水下馬步行庶免蹉跌土人謂之塔兒頭扈從日錄甯古塔多洪屯地多蝦蟆蝦蟇者淖也淖不可渡中有結草如氊車馬履之而渡失足則陷而須撳焉絕域紀略草結卽上水石也如畫家合解索披蔴皺而文細過之皆數千百草根團結成者蓋枯草芟夷後其根水流一處日久凝結名曰草結竹葉亭雜記八

汪由敦恭和

御製塔兒頭歌元韻寒行沙磧何茫然林麓縈帶觱沸泉不疏不導澤沮洳泥淤中有長茭牽根盤葉覆積豐草春茁冬枯夏秋潦馬駝踏草輭於韉一失足陷千尺湫草頭時見瀰瀰波草底淖濘且奈何想從草底仰波面浮圖尖幾由旬多風濤而外有若此坎險視人身所履安得平開萬頃湖往來利涉招舟子盛京通志一百二十一

金德瑛前題有草不遭野火然有水不作通流泉積之萬古永陳腐似紅似墨相糾牽馬蹏只踏離離草孰知暗裏藏積潦束藁成隄一綫中勉強爭趨愁隘

湫凹者如穴凸如坡陷不可出將奈何長者十里或五里短者數丈連綿多龍行虎步猶經此恐說淩兢擇所履不閫折坡險羊腸王尊忠臣非孝子同上

芸香草葉類豌豆而細叢生可以辟蠹盛京通志

蓼藍一名靛可染布靛花入藥名青黛馬藍似蒲而小花藍無香可染色根可爲刷月令荔挺出即此子入藥名蠡實同上

如意草一名箭頭草開紫花莖實下垂似如意可治風瘡等證同上

章茅可苫屋又有黃背草層層有節可代章茅同上

羊草生山原間長尺許莖末圓勁如松鍼黝色油潤飼馬肥澤居人以七八月刈而積之經冬不變大宛苜蓿疑卽此同上

星星草一曰猩猩草生山谷間又有狼尾草馬尾草俱以形相似而名又有莠草馬房草水稗草俱生田間可飼馬同上

扁担草似黍葉稍窄有穗有粒生田間亦可飼馬同上

小青草味苦可充茗同上

雁來紅一名秋紅一名老少年春夏葉色青黄至秋時則漸紅如花土人謂之老來變一名十樣錦同上

花蘭蔓生葉綠而厚斷之有汁子長數寸俗名雀瓢同上

貓兒眼草葉紋如貓睛同上

蓬俗呼爲蓬子蒿同上

香蒲蒻如筍可食茸入藥名蒲黃亦有昌蒲生湖泊中同上

蒲瀕水叢生枝葉如柳長不盈尋用以作箭不矯作而堅薑澤之蒲不及也扈從日錄

蘆葦女直人斫蘆爲席金史四十七　一名萑詩八月萑葦一名葭詩蒹葭蒼蒼爾雅葭蘆注曰葦一物而三名

也盛京通志

燈心草卽水葱生水中如葱而長可爲席今但織作團扇曰蒲扇同上

苔威伊克阿林極東北大山也上生青苔厚常二四尺甯古塔造船漏則以青苔塞之常責一人執青苔以俟不遑他顧柳邊紀略

蕢砦草滿洲呼爲他四哈阿落莖如麻葉小而銳花如木棉結實不可食食之令人狂走扈從日錄

萬年松草也高不過六七寸冬不改色東華輯要

含生草出靺鞨國婦人難產口中含之立產格致鏡原六十

九張
彙苑
木屬
瑞樹產長白山自頂至根合十餘丈大數百圍上分
十二大枝莖葉各異具松檜白楊遮勒穆期柴樺白
樺密克特白榆八種具生靈芝其上萬木環衛如星
拱北辰非大椿八千歲爲春秋者所可比倫皇朝通考
一百二
十五
香樹莖直叢生花黃長白山最多可焚以祭神士人
取作香生近山崖者有節名竹根香根作箭骲頭極
佳盛京通志安春香生山巖潔淨處高一尺許葉似柳

葉而小，味香，可供祭祀。長白山所產尤異常香，俗呼爲安息香，又七里香。枝葉似安春香，葉大而厚，惟產於長白山，他處不見。吉林外紀七

夜光木，古木根莖所化，夜視有光，遇雨益明，移置室中即可燭物，山中往往有之。盛京通志

夜光木積歲而朽，月黑有光，遇雨益明，移置室內，通體皆明，白如螢火，迫之可以燭物。以素甆貯水投之，火光澄澈，殆夜光苔、放光木之類歟。高士奇塞北小鈔

明開夜合木，一名金銀柳，結子如花，至冬不凋，木理細潤。盛京通志

六棱木枝幹皆六棱最堅實同上

椋棆木有紋縷可愛多用爲椀松漠紀聞

東瓜木似柜柳皮青質堅材可爲棺亦可作硯質輕易攜能下墨雖非奇玩亦自可珍盛京通志

雞舌木金時刀柄尙雞舌木黃黑相半金史四十三

樺醬瓣樺者謂樺皮斑文色殷紫色如醬中豆瓣也

樺樹狀有類白楊皮似山桃有花紋紫黑色可裹弓及鞍鐙諸物

同上弓以皮爲弦箭削樺爲簳契丹國志二十三

諸山中皆有之而嫩江混同江之間尤多烏拉有樺皮屯設壯丁採皮亦可作箭竿其木癭紋極細作椀

亦佳通志盛京樺木遍山皆是狀類白楊春夏間剝其皮入污泥中謂之糟糟數日乃出而曝之地白而花成形者貴拉發北數十里特設樺木廠有章京有筆帖式有打樺人每歲打樺皮入內務府遼東樺皮遂有市於京師柳邊紀略吉林各處有以樺皮作船大者能容數人小者挾之而行遇水輒渡游行便捷又以樺皮葢窩棚并有剝薄皮紉綴爲油布單大雨不濡吉林外紀七

根葉大黑皮紋細微赤者曰紫根人蔆多生於下盛京通志高麗朵蔆贊云三椏五葉背陽向陰欲來求我

椵樹相尋椵音賈葉似桐池北偶談十四質白者曰槺椵其皮可製繩引火槍軍中需之通志盛京椵類銀杏可爲器其皮可代瓦浸水久之可索綯柳邊紀略又有一種白椵木葉大如團扇初生時可蒸冷淘霜後則鮮赤如楓其皮可治繩爲魚網之用烏喇網大魚常用之臨鑾紀恩

楸類核桃樹其木可爲槍桿及船槳每歲採取備用皮堅韌亦可束物盛京通志

暖木或云即黃蘗木皮溫厚可墊鐙心及包弓靶細者中爲鞭桿又烏拉出小暖木形類杉松木質尤堅

同上

榆鴨子河濼在長春州東北四面皆沙堝多榆柳杏林遼史三十二烏稽中皆喬松及樺柞樹間有榆椴鱗接虬蟠纓山帶磵扈從日錄其類不一皆美材刺榆花榆尤佳刺榆大者中爲車軸一名軸榆唐風所謂山有樞卽此花榆理細宜爲几案凡榆臃腫處花紋尤勝可飾器用人多珍之小刺榆葉初生鮮可茹長丈餘質細而堅槍桿多用之盛京通志

女眞食生狗血葱以蕪荑北盟會編三

爾雅蕪荑郭注姑榆也剝取皮合漬之其味辛香所謂蕪荑蕪荑用山榆莢作醬食之爾雅義疏釋草

說文梗山枌榆有朿莢可爲蕪荑也按齊民要術分枯榆刺榆山榆爲三云刺榆木甚堅肕山榆可以爲蕪荑依許說則刺榆山榆一物也說文段注六

楛一名雉尾荆色赤中爲矢世傳肅愼氏楛矢卽此盛京通志說文楛木也閻若璩曰國語肅愼氏貢楛矢其地卽今甯古塔詢其風土云西南去六百里曰長白山山巔之陰及黑松林遍生楛木取以爲矢質堅而直不爲燥濕所移說文義證十六

松山中最多以種子者爲菓松無子者爲沙松脂多者爲油松盛京通志大烏稽松樹槎枒兀皆數千年

之物緜緜延延横亙千里不知紀極（甯古塔紀略）

赤白松理細氣香木之貴者以爲棺其價甚昂（盛京通志）

鍼長一寸圍僅八九寸材可爲棺佛龕神主尤宜（東華輯要）

黄蒿松枝葉如蒿生甯古塔石甸子上他處所無又有刺兒松其松多刺（盛京通志）黄樺松直幹參天圍合三尺鍼則寸餘至冬則凋材可爲棺刮去皮紋理斑爛紅黄相間（東華輯要）

依奇松生吉林北依奇甸子質瘦勁少枝葉色青如松土人不知何名因所生地呼爲依奇松伐爲材木

性燥易裂入土則裂縫復合堅如石盛京通志

柏高句麗俗厚葬積石爲封亦種松柏唐書二百十九多生於西北邊外葉仁入藥盛京通志

槐今山中皆有之花入藥子染色同上

皁莢樹刺長結角如豬牙入藥同上

檀色紫赤紋細潤中車轅及箭笴其交枝處花紋尤細可爲小刀柄同上

柳烏舍寨枕混同江湄寨前高岸有柳樹時當仲夏藉樹陰俯瞰長江涼颸拂面奉使行程錄栝棬之屬多用之盛京通志今遼東皆插柳爲邊高者三四尺低者一

二尺掘濠於其外柳邊紀略

欅柳爾雅楥柜柳柜柳即欅柳聲又轉爲杞柳爾雅義疏

釋木大者可刳爲舟根可爲瓟頭盛京通志

花柜柳質堅緻可爲槍桿蠟蟲食之一名蠟條同上

青楊葉大而圓其材可爲箭笴同上

白楊葉微小皮白宜爲箭笴一種生於澤者多合抱刳爲槽盆性不燥裂同上

黄楊木堅難長大山間有之同上

杜仲山中有之皮薄不堪入藥同上

杜一名甘棠移接棃樹結實甚佳同上

棘一名樲有赤白二種結子者名酸棗仁入藥不結子者名牛棘俗呼棗刺科同上

鑿子木高大堅實中爲車材皮黄可染色木心黄朽者可爲火絨同上

櫟爾雅栩杼郭注柞樹陸璣疏云今柞櫟也徐州人謂櫟爲杼或謂之栩其子爲皁或言皁斗其殼爲汁可以染皁杼或作芧司馬彪注莊子芧橡子也杼又名采徐廣注史記李斯傳采一名櫟爾雅義疏釋木　櫟土人多以燒炭盛京通志　山多櫟柞櫟之小者名波羅木五月土人摘其葉裹稷柞可爲車大則名櫟可爲薪柳邊

紀略

桑可食蠶仁爲桑葚皮入藥盛京通志

橛山桑葉亦可食蠶中爲弓材及車轅同上

椿葉香可噉者曰香椿同上

樗似椿而葉臭土人呼爲臭椿同上

鼠李木一名老鸛眼堅緻有花紋子赤黑如鴉眼其皮可染緑色同上

苶條可爲杖染皁勝於橡斗同上

杻爾雅謂之檍皮理糾結質最堅俗呼杻筋子木大者爲車軸次於軸榆同上

青岡柳山中皆有之亦柞類材中爲弓及車輮同上
楝赤者葉細中爲車軸白者葉圓木理堅緻其木亦中器皿之用同上
楓雞林哈答至秋深楓葉萬樹紅映滿江甯古塔紀略
白桵爾雅謂之棫高五六尺堅緻可爲杖其果紅色
核麻而扁仁入藥名蕤仁盛京通志
凍青寄生樹上葉微圓子赤淩冬不凋青葱可愛同上
山藤木之類枝柔韌中爲鞭桿同上
火絨生木癭中取之可盈掬甯古塔紀略
雒常肅愼氏有樹名雒常其木生皮可衣晉書十九山海

盛京
通志

經作雄常

銀木明一統志載有此木同上

吉林通志卷三十四

食貨志七 物產下

禽屬

雕似鷹而大色黑出甯古塔諸山其品不一上等色黑者曰皁雕有花紋曰虎班雕黑白相間曰接白雕小而花者曰芝蔴雕羽宜箭翎雕之最大者能捕麞鹿山中間有之盛京通志一百七後引皆同雕極大而多但用其翎毛爲箭黑斤富者則以雕翅蓋屋甯古塔紀略雕鳥狀如鷹而大倍之翅若車輪爪同鋒刃雙眸噴火長喙反鉤飈風有淩雲之志鷙鳥之雄也隨鑾紀恩

鷹唐開元十年渤海獻鷹（冊府元龜）遼統和十三年鐵驪貢鷹（遼史十三）鐵離靺鞨惟以鷹鶻等物與契丹交易女眞禽有鷹鶻（契丹志二十二）高士奇扈從雜紀詩離條繡帽脫鷹師自注圍中鷹以繡花錦帽蒙其目擎者綰條於手見禽乃去帽放之（扈從日錄）遼以東皆產鷹而甯古塔尤多每年十月後卽打鷹總以得海東青爲主凡鷹生山谷林樾間視其出入之所繫繩張網晝夜伏草間伺之人不得行行則驚去（柳邊紀略）

白鷹黑水靺鞨多白鷹（唐書二百十九）靺鞨土多白鷹（唐會要）

蘇頲雙白鷹贊開元乙卯歲東夷君長自肅愼扶餘

貢白鷹一雙其一重三斤有四兩其一重三斤有二兩皆皓如練色斑若絲章積雪全映飛花碎點所謂金氣之英瑤光之精高髻偉臆長距秀頸奮發而銳堅剛則厲實稀代之尤也贊曰鷹之大者精明竦峻勁而橫絕雄則遠振錦文素綵珠聯玉潤往乃奮威將軍所徇鷹之次者勇銳光芒截海而至乘風載揚絡以紅點文其絲章下韝必中惟吏之良唐文粹二十四白鷹尤爲猛鷙吉林甯古塔諸山中有之盛京通志又有蘆花鷹極貴重甯古塔紀略鷹純白爲上白而雜他毛者次之若色純白梅勒章京亦不敢畜必送內務府柳邊

紀略

海東青遼史春巴納日鴨子河灤氷泮乃縱鷹鶻捕鵞雁五坊擎進海東青鶻拜授皇帝放之鶻擒鵞墜勢力不加排立近者舉錐刺鵞取腦以飼鶻皇帝得頭鵞薦廟羣臣皆插鵞毛於首以爲樂營衛志　五國之東出名鷹自海東來者謂之海東青小而健北盟會編三海蘭府碩達勒達等路有俊禽曰海東青由海外飛來土人羅之以爲土貢元史五十九　海東青五國城東出小而健能擒天鵞瓜白者尤異明一統志八十九　海東青羽族之最鷙者身小而健其飛極高能擒天鵞搏兔亦

俊於鷹鶻鷹雕皆有窠巢多緣峭壁爲之人不能上惟海東青從未見其巢輟耕錄載演雅言海東青羽中虎也燕能制之羣集緣撲卽墜云云以小制大物性往往如此亦猶黃腰啖虎之類也高宗御製詩注海東青能擒天鵞一日能飛二千里寧古塔紀略鷹品之最貴者也得海東青滿漢人不敢畜必送梅勒章京柳邊紀略今多出烏蘇哩江盛京通志李太白詩翩翩舞廣袖似鳥海東來蓋東海有海東青俊鶻白詩言其舞如海東青也秕言

鶻唐開元二十五年渤海來獻鷹鶻冊府元龜遼應歷二

年鐵驪進鷹鶻遼史六　鶻有二種一玉爪一黑爪又有鴉鶻兔鶻之别其拳堅處大如彈丸俯擊鳩鴿食之鷂仲尼在陳有隼集於陳侯之庭而死楛矢貫之以問仲尼仲尼曰隼之來也遠矣此肅愼氏之矢也國語　隼鷂也或曰雀鷹春化爲布穀此屬數種皆爲隼詩義疏　鸇負雀鷂也爾雅釋鳥　女眞禽有鷹鸇契丹志二十六　甯古塔產鷂子黃鷹猛於他處甯古塔紀略　鷂郎鸇類一名隼小者爲鷂有花豹白豹細胸松兒朵兒攔虎獸諸名盛京通志　鶻能食蚌珠藏其嗉又有俊鶻號海東青者能擊天

鷙人既以俊鶻而得天鵞則於其嗉得珠焉[北盟會編三]

俗名天鵞江海間有之其毛可爲服飾[盛京通志]高士奇扈從雜紀詩新翻艷譜天鵞曲注云旗門鐃吹多奏海青捉天鵞曲[扈從日錄]

雉黑水靺鞨俗插雉尾爲冠飾[唐書二百十九]雉俗呼野雞[盛京通志]野雞最肥油厚寸許遼東野雞頗有名然迥不及矣出獵秋間號打野雞圍[柳邊紀略]

鳶俗呼鷂鷹不善搏擊貪於攫肉[續通志　盛京通志]

鶡似鷙而大灰白二色羽可爲箭翎[盛京通志]

沙鷄似雉而小脚有毛爾雅謂之鵽鳩俗呼沙半斤

通志盛京亦名樹雞多出林中不在沙漠之内東海小志盛京通志

野鴨有緑頭黄脚等名蒲鴨大於野鴨黄色盛京通志

烏雅遼統和九年東京進三足烏遼史十三

白鵲金時咸州貢白鵲金史五行志

鸞尾長觜紅似鵲而有文彩一名山喜鵲或呼爲勃

姑烏亦名彩鵲毛羽文彩者亞於翡翠盛京通志

鸛水鳥有黑白二種其羽可爲箭翎同上

水鴜黄肚雀俗呼黄肚囊有大小二種小者長觜短

尾大者尾根白同上

寒號蟲一云郎鶡鴠狀如小雞足有肉翅冬〻時毛脱

鳴益急糞入藥名五靈脂同上
白翎雀青黄色翎白窮冬沍寒不易其處元人重之故元世祖樂有白翎雀歌同上
大眼雀睛大而圓白眼雀目有白圈靛雀色如靛同上
鸕鷀鶺鴒鷯鷚鵂鶹鳩燕鴻啄木蝙蝠所在有之同上
白頭翁形如鶺鴒頭白身灰黑又有名拙老婆領下色紅哥哥鳥自呼其名曰哥哥同上
蠟觜即桑扈之屬喙如黄蠟畜之可玩同上
紅料色紅善鳴色花者謂之花料又謂之蔴紅料同上
鐵脚雀之大者爪堅如鐵置囮覆網取之漏網者未

幾復至亦鳥之義而愚者冬則羣飛入海千里紅頂有紅毛喜食蘇子俗呼蘇雀又稱老羌雀出俄羅斯地雪後即來網而取之炙食極美以上俱盛京通志

孟鳥大荒西經在貊國東北其鳥文赤黃青東鄉郭注亦鳥名也山海經十一

獸屬

馬夫餘出名馬濊出果下馬後漢書一百十五　夫餘善養牲出名馬三國志三十　夫餘國出善馬肅愼氏有馬不乘但以爲財產而已晉書九十九　勿吉出三尺馬太和初貢馬

五百匹魏書一百渤海所貴者率賓之馬唐書二百十九唐開元十八年渤海靺鞨獻馬三十匹册府元龜遼統和十三年鐵驪來貢鷹馬十五年烏舍以地遠乞歲時免進馬開泰七年鐵驪等五部歲貢馬三百又統和四年討女直獲馬二十餘萬二十八年女直進良馬萬匹咸雍七年太康七年大安二年三年壽隆元年女直皆貢馬東丹國歲貢馬千匹女直萬匹室韋鐵驪諸部三百匹遼史十一至二十六又卷六十今有官馬羣駐牧各處馬極蕃庶而西北塞外來者亦良索倫馬則身長陡健毛短而澤盛京通志今柳條邊外絕不產馬惟

朝廷乃有馬羣其他皆自山海關西及高麗國來高麗馬大與驢等後漢書三國志所稱果下馬魏書所稱三尺馬是也能負重致遠不善馳騁其良者亦復蹀躞有致價不甚昂關西馬皆產於蒙古價倍高麗或過窩稽八非十五六貂不與以一馬也柳邊紀略

牛女直以牛馱物通考遼開泰六年東京留守巴格奏領兵入女直界俘獲牛馬豕不可勝計遼史十七胡嶠陷北記又東女眞其人無定居行以牛負物遇雨則張革爲屋契丹志二十五牛黃天寶七載黑水靺鞨獻牛黃册府元龜女直產牛黃明一統志八十九

野牛女直國獸多野牛通考野牛女直產明一統志八十九

羊女直多牛羊北盟會編三

山羊生山中似羊而大善登山皮黑灰色血可治疾吉林有之通志盛京

羱羊即盤羊鹿身細尾兩角盤背上有蹙文塞北小鈔野羊一名懸羊類青羊而柔毛過之東華輯要山羊即野羊亦即羱羊本草五十一

犬女眞地多良犬通考田犬極健力能制虎最難得又外藩犬可供驅策故元史有犬站以代馬今費雅哈赫哲各部落尙役犬以供負載通志盛京獵犬不畏虎隨吠其後或嚙其尾虎伏草間犬必圍繞跳嗥人即

知虎所在虎怒逐犬出平陸人乃得施弓矢殪之又有捕貂之犬嗅其踪跡所在守而不去伺貂出嚙之扈從日錄

蜜狗生烏拉諸山中觜尖如狗尾黑可飾盔纓盛京通志

豕夫餘好養豕食其肉衣其皮後漢書一百十五勿吉其畜多豬魏書一百靺鞨其畜多豬隋書八十一黑水靺鞨畜多豕唐書二百十九金會甯府貢豬金史二十四女眞獸多白彘契丹志二十六

野豬黑水靺鞨俗編髮綴野豕牙唐書二百十九女眞國獸

多野豬通考野豬女直出明一統志八十九今山中有之盛京通志大如牛形如彘耳稍小上下牙如鋼鉤驅突時猛如虎兕隨鑾紀略

豪豬有刺白本而黑端怒則激去如矢射人本草五十一

驢土人負重恆以驢代腳力盛京通志往時驢亦少近推磨者多用之然偶病輒不治柳邊紀略

野驢女眞獸多野驢通考女直出野驢明一統志八十九女直出野驢似驢而色駁鬃尾長骨格大本草綱目五十

駝鹿出甯古塔烏蘇哩江形如駝一名堪達漢頸短形類鹿色蒼黃無斑項下有肉囊如繁纓大者至千

餘斤角扁而闊瑩潔如玉中有黑理截之鏤爲決勝

象骨盛京通志其蹏能驅風疾皇朝通志一百二十六王會解

稷慎大麈孔晁注稷慎肅慎也貢麈似鹿逸周書七麈卽

今之四不象名駝鹿其形似鹿非鹿似麕非麕皮可

以爲半臂衣之愈久則愈厚愈久亦愈輭若爲油水

所污俟其乾揉之仍復如故凡皮見水則硬衣此者

若嫌其污可加澣濯焉聞此衣油垢既甚可禦火槍

刀不利率爾亦不能刺入也關東兵卒多衣之竹葉亭雜

記入席百北有鹿大若橐駝名康大罕角可爲決槽若

綫者價三十四兩柳邊紀略四不像者蹄似牛非牛頭似

馬非馬身似驢非驢角似鹿非鹿不芻不豢惟食石
花奇勒爾俄倫春人養之用則呼之使來牧則縱之
使去性馴善走德同艮馬亦美物哉曹廷杰日記

劉綸恭和

御製堪達漢元韻垔胡姿自軼豎鬣態何奇利用思鉤控稱
名問佽飛堪達漢獸名角中碟材蒐田推物性山澤任天機末
學慙譽誤

奎文爲訂非盛京通志一百二十二

鹿渤海所貴者扶餘之鹿唐書二百十九遼統和九年女直
進喚鹿人遼史十三胡嶠陷北記又東女眞善射多牛鹿

其人常作鹿鳴呼鹿而射之諸蕃記女眞獸多牛馬麋鹿契丹志二十六好刺則各色鹿女直出明一統志八十九吉林所產有湯鹿毛鹿合子鹿盛京通志鹿角鹿頂合燕以北方可車須是未解角之前才解角血脈通好者有人字不好者成八字有髓眼不實北人謂角爲鹿角合頂爲鹿角合南鹿不實定有髓眼不可車北地角未老不至秋時不中松漠紀聞鹿牡者有角夏至則解牝者無角宗奭曰鹿茸以如紫茄者爲上然此太嫩血氣未具其實少力堅者又太老惟長數寸破之肌如朽木茸端如瑪瑙紅玉者最善人有以麋角僞爲者

不可不察本草綱目五十一　鹿尾東方佳品扈從日錄
麋似鹿而色青黑大如小牛肉蹏目下有二竅爲夜
目本草綱目五十一　麋角與鹿角不同麋角如駝骨通身可
車御無紋鹿頂骨有紋上下無之亦可熏成紋松漠紀聞
麋角頂根上有黃毛若金綫兼旁生小尖色蒼白麋
鹿茸角今人罕能分别陳自明以小者爲鹿茸大者
爲麋茸亦臆見也不若親視其採取時爲有準本草綱目
五十一　人之服藥蓋有同等藥物而陰陽實相反者又
有一體氣血而功用之不同者如麋茸鹿茸是也二
者之性原自有異麋茸補陽利於男子鹿茸補陰利

於婦人月令仲夏日鹿角解仲冬日麋角解鹿以夏至隕角而應陰麋以冬至隕角而應陽故知二者陰陽之性不同鹿肉煖以陽爲體麋肉寒以陰爲體以陽爲體者以陰爲末以陰爲體者以陽爲末末者角也其本末之功用又不同也野客叢書

馬鹿形大如馬山中極多亦曰父鹿一名八叉鹿歲取其角交官盛京通志

虎濊祠虎以爲神後漢書一百十五　勿吉有虎豹羆狼魏書一百

今諸山中有之間有白質黑章者尤猛鷙虎骨熬爲膏入藥盛京通志

文豹𤟌多文豹後漢書一百十五似虎而小白面團頭色白者曰白豹黑者曰黑豹文圓者曰金錢豹最貴重文尖長者曰艾葉豹盛京通志

貔豹屬出貉國說文豸部

熊小者爲熊大者爲熊紫黑色今山中熊類不一有豬熊狗熊猴熊諸名盛京通志熊極猛力能拔樹擲人寧古塔紀略熊趫捷而羆憨猛皆獸之絕有力者羆重千餘斤熊亦及半熊羆冬令皆入蟄不食熊小或居木孔羆大則居穴也高宗御製盛京土風詩注石熊全身烏黑猙猾可畏長喙鋸牙前掌如人手後掌如人足重七

八百斤隨鑾紀恩 松花江兩岸舊爲費雅喀部所居喜弄熊呼曰馬發多以重價購養使鄰里親朋射殺爲歡有馬熊狗熊二種射斃而後聚食之先食熊頭於野謂敬長老也餘則聚食於家婦女惟食熊髀身不淨者遠之曹廷杰日記 熊蹯東方佳品官廚以爲貴扈從日錄

羆靺鞨太山有熊羆隋書八十一 女直產羆皮明一統志八十九 熊各處皆有羆惟吉林盛京始有他處所無御製盛京土產詩注

麞室韋人惟射獵麞鹿爲務契丹志二十六 麞鹿屬無角郎

麢肉亦可食獵時以背式骨交官有定數盛京通志王會解發人麃麃者若鹿迅走逸周書七爾雅麠大麃郭注麃即麠爾雅釋獸

麆麠類色蒼赤形比內地所產稍大味微腥盛京通志其皮可蔽潮溼採訪冊

麝形似麠一名香麠喜食柏臍血入藥名麝香盛京通志

豺足似狗瘦如柴性鷙猛善逐獸同上

狼皮毛青白者貴可為坐褥採訪冊

麅麢類毛長犬足皮堪為履舄盛京通志馬擴茅齋自

敘阿骨打每食以木楪盛鹿兔狍麂麞狐狸牛驢犬馬鵞鴈魚鴨鵽蝦蟆等肉或燔或烹北盟會編三

豽夫餘國出貂豽章懷太子註豽似豹無前足後漢書一百十

貂豽皮毛柔蠕故天下以爲名裘魏書九十五

貛似狗而短體肥行鈍皮宜裀褥通志 盛京形如狗喙如豕足皆五爪毛深厚油能治火傷東華輯要

狐女直產狐貍皮有黑白黃三種明一統志八十九 色赤而大夜擊之火星迸出毛極温煖集腋爲裘尤貴重元狐出下江大於火狐色黑毛煖最貴又青狐名倭刀 盛京通志 烏稽出元狐黃狐元狐全黑者不可多得一

歲不過數張甯古塔紀畧

沙狐賤者被貂毛羊鼠沙狐裘契丹志二十三生沙磧中身小色白腹下皮集爲裘名天馬皮頷皮名烏雲豹盛京通志

野貓唐開元七年靺鞨獻白兔貓皮册府元龜居山谷中狐類口方色蒼黃有斑善搏亦曰野貍盛京通志

貉狀如貍斑色其毛深厚温滑可爲裘同上貉俗名野馬其皮紋上圓下方寢處其皮者立能解酲設有警急毛輒豎格致境源八十八

貂熊出甯古塔大如狗紫色頭紫黑兩脇微白盛京通

貂鼠挹婁出好貂後漢書一百十五夫餘出貂豽挹婁出好貂今所謂挹婁貂是也三國志三十夫餘國出善馬貂豽肅愼貢貂皮晉書九十九勿吉以尸捕貂貂食其肉多得之魏書一百黑水靺鞨多貂鼠拂捏開元天寶閒來獻貂鼠唐書二百十九女直獸多青鼠貂鼠北盟會編三遼統和十五年烏舍以地遠乞歲時免進貂皮開泰七年鐵驪等五部歲貢貂皮六萬五千遼史十六貂以紫黑色爲貴青色爲次契丹志二十三女直土產貂鼠皮明一統志八十九貂鼠女直有之大如獺尾粗毛深寸許用皮爲裘帽風領寒

月服之得風更煖著水不濡得雪即消亦奇物也本草綱目五十一　今三姓琿春甯古塔各處山林多有之毛色或黃或紫黑皮甚輕煖獵者皆於雪天尋其跡而捕之通志盛京　貂鼠一名松鼠喜食松子在深山松林中其窟或土穴或樹孔捕者先設網穴口後以草𠠑燒煙熏之貂畏煙出奔即入網中貂皮之利居人藉以衣食故金史稱其地富庶云扈從日錄　又有縱犬守穴口伺其出而嚙之者紫黑色毛平而理密者爲上紫黑而理密者次之紫黑而疏與毛平而黃者又次之白斯爲下貂大與狐等每皮價四五錢拔槍毛爲帽沿

者曰鑽草臀曰坐草腹曰拉草鑽草紺色上也坐草黃色中也拉草灰色下也爲被褥則不拔槍毛槍毛即鋭長而黃黑色者出魚皮國者佳歲至甯古塔交易者二萬餘而貢貂不與焉甯古塔人得之販鬻京師歲以爲常柳邊紀略

狢猁孫即土豹明一統志八十九類野貓而大耳有長毫白花色小者曰烏倫盛京通志事物紺珠狢猁孫黃黑色其皮可裘出女直格致鏡源八十九

銀鼠有銀鼠尤潔白契丹志二十三吉林諸山中有之毛色潔白皮禦輕寒盛京通志

灰鼠女眞獸有青鼠契丹志二十三青鼠皮女直出志八十明一統九

青鼠卽灰鼠吉林諸山有之灰白爲上灰黑者次之通志盛京

豹鼠開元十八年渤海靺鞨獻豹鼠皮三張二十六年渤海靺鞨獻豹鼠皮一千張元龜册府爾雅豹文鼮鼠郭注鼠文彩如豹釋獸爾雅

鼯鼠爾雅鼯鼠夷由郭注狀如小狐肉翅翅尾項脅毛紫黑色脚短爪長尾三尺許飛且乳亦謂之飛生爾雅釋獸大鳥稽多鼯鼪貍鼠之類紀略甯古塔

鼪鼠一名鼬又名黃鼠狼又名騷鼠其尾高麗市以

作肇盛京通志

黃鼠刁約使契丹爲北語詩云密賜十貔貍註形如鼠而大穴居食穀粱嗜肉味如豚而肥契丹志二十四貔貍即黃鼠本草綱目五十一今呼豆鼠頭似兔尾有毛黃黑色性好在田間食穀豆盛京通志烏稽出黃鼠食之最佳甯古塔紀略

鼦鼠即田鼠形似鼠而大常穿地以行盛京通志

松鼠蒼黑色大尾好食果蓏小者不過三寸通身豹文同上

蝟似鼠有毛刺腳短尾長犯之則縮毛張如集矢俗

呼刺蝟皮入藥同上

白兔渤海所貴者太白山之兔黑水靺鞨土多白兔開元天寶間來獻白兔皮唐書二百十九靺鞨土多白兔唐會要開元七年靺鞨獻白兔貓皮冊府元龜今出阿勒楚喀等處盛京通志

跳兔大如鼠其頭目毛色皆兔爪足則鼠尾長其端有毛或黑或白前足短後足長行則跳躍性狡如兔犬不能獲之疑卽詩所稱躍躍毚兔者也北征錄跳兔前足寸許後足近尺山中有之盛京通志

郤塵獸出句驪國其獸毛色殷鮮光輭無比剝其皮

合毛爲䫅則塵埃無犯唐有郤塵埃䫅是也物類相感志
郤塵䫅出句驪國云是郤塵之獸毛所爲也其色殷
紅光華無比杜陽雜編

鱗介

魚東沃沮臣屬句驪句驪使大加統責其租賦貊布
魚鹽海中食物後漢書一百十五　女眞海多大魚北盟會編三
劉哈喇巴圖爾傳居二年召還帝諭之曰自此而北元
納延故地曰阿巴拉呼者產魚吾今立城名其城曰
肇州汝往爲宣慰使旣至一日得魚九尾皆千斤遣
使來獻元史一百六十九　甯古塔魚肥美實異於他處冬時

河水盡凍厚四五尺夜間鑿一隙以火照之魚輒聚以鐵叉叉之必得大魚（甯古塔紀略）虎兒哈冰開後無貴賤大小以捕魚爲樂或釣或網或以叉每出必車載而歸（柳邊紀略）剃髮黑斤人最善叉魚認取魚形水紋拋叉取之百無一失雖數寸魚亦如探囊取物不知何以神異若此（曹廷杰日記）冰鮮魚遼史春巴納曰鴨子河濼皇帝卓帳冰上鑿冰取魚（遼史三十二）每春冰泮遼主必至甯江州鑿冰釣魚（松漠紀聞）今吉林諸河冰魚最著諸冰魚中白魚最美濱江所至漁者各池之夏秋網得即畜於池入冬鑿取出水即冰官斯土者市之遠

餉京師其味之鮮若新取於網採訪册

劉綸恭和

御製松花江捕魚元韻山圍水獵皆壯觀松花淨綠開江煙

勵師豈習獸臣伎勢如赤馬操吳船凡鱗瑣碎那足

校倚舷拋擲紛鯉鰱須臾網定乂亦止大波突起何

軒軒巨魚充貢送河伯餘者婢媵更僕難吞鉤掣纜

俟力盡任公蹲海或庶焉譬如軼材一獲雋風毛雨

血空繽繙歸來鄉夢落淞泖鳴榔夜聽扁舟寒盛京通

志一百二十一

汪由敦前題陸山獵獸已飽觀路遵沙渚披晴煙清

江一曲網罟集中流正放

黄龍船波平風細下見底大有鱣鮪小魴鰱獻師挺叉魚

奮躍如麋帶箭猶騰軒銀刀撥刺浪花捲百取一二

曾何難巨鱗昂首爭出水槎頭丙穴奚數焉

頒鮮饜飫等圉罷細斫作膾縹紛繙江空舟散兩岸闊近八

秋月清光寒同上

鯽渤海俗所貴者湄沱河之鯽唐書三百十九鯽魚大者有

重至三斤鮮美不可名狀柳邊紀略即鮒魚冬月肉厚子

多其味尤美本草綱目四十四產甯古塔混同江者尤佳盛

京通志

青魚甯古塔最多（甯古塔紀略）青亦作鯖以色名也大者名鰱魚（本草綱目四十四）鯉吉林諸河有之（盛京通志）

鱖扁形闊腹大口細鱗有斑采明者爲雄晦者爲雌又名花鱖魚（盛京通志）花鯚魚吉林産（竹葉亭雜記）

魴縮項穹脊扁身細鱗俗呼鯿花（盛京通志）女直産魴鬚（明一統志八十九）

鱧一名文魚首戴星夜則北嚮爾雅翼云鱧魚圓長而斑點有七點作北斗之象（爾雅義疏釋魚）唐開元二十六年渤海靺鞨獻乾文魚一百口（册府元龜）俗呼黑魚亦産

鰱首肥而巨（盛京通志）

鮸說文魚名出薉邪頭國鮸海魚似鱸而肉粗大者長四五尺鱗細紫色無細骨不腥說文義證三十六

魵說文魚名出薉邪頭國說文解字魚部爾雅魵鰕郭注出穢邪頭國斑魚即魵魚魵斑聲近郭云小鰕失之爾雅義疏釋魚穢出斑魚皮三國志十三

白魚爾雅鰋郭注今偃額白魚按白魚名鮊廣雅云鮊鱎也玉篇鱎白魚也鮊一作鮊鮊又名鱖說文鱖白魚也今白魚生江湖中細鱗白色頭尾俱昂大者或長六七尺也爾雅義疏釋魚吉林產者最佳珍爲美品採訪

册

魦說文魚名出樂浪潘國鮫說文海魚皮可飾刀陳啟源曰鮫魚一名沙魚背皮粗錯如眞珠瓣又有鹿沙虎沙鋸沙諸種說文義證三十六艨骨國以鮫魚皮爲甲可捍流矢金志二十鯊青色皮可飾器用背上鬐鬣名沙翅泡去外皮瑩若銀絲極脆美食品珍之相傳鯊以胎孕口吐而生盛京通志

鰡狀如青魚身圓俗呼柳根鰤盛京通志開元十七年渤海靺鞨獻鷹鰡魚冊府元龜鰡魚長者六七尺見異物志太平御覽九百三十七

發祿魚形似縮項鯿夏間最多滿洲人喜食之甯古塔紀

略

發綠魚似鯿花而大色黑通志　盛京

䱡說文鮀鮎也本草蜀本圖經云有三種口腹俱大者名鱯背青而口小者名鮎口小背黃腹白者名鮠三魚并堪爲臛說文義證三十六　無鱗似鰋而大俗呼槐子魚出混同江中其皮可衣通志　盛京

鮎爾雅郭注别名鯷江東通呼鮎爲鮧爾雅翼云鮧魚偃額兩目上陳頭大尾小身滑無鱗謂之鮎魚言其黏滑也爾雅義疏釋魚　鮎魚混同江出大者至數十斤或百餘斤取皮製衣柔靭可服通志　盛京

鱮似魴而弱腴腹細鱗頭銳形扁俗呼鰱子魚同上

重脣魚即鯊鮀如鯽而狹淡黃色嘗張口吹沙同上渤海巖舉鮀魚之屬皆有之契丹志二十七魚長尺餘細鱗如粟金光燦目鱗背上黑點如豆排列成行魚腹一線中分脊翅後多一輭翅背有重脣是魚之罕見者隨鑾紀恩

雷魚雷多則生出混同皇朝通志一百二十六小者如指色黑盛京通志

竹魚翠色如竹出混同江皇朝通志一百二十六狀如青魚翠色可愛盛京通志

黃鯝似白魚而頭尾不昂闊不踰寸長不徑尺土人

呼爲黃骨子盛京通志

船矴魚長二三寸大頭闊口黃色有斑見人則以喙插泥中同上

箭頭魚頭尖小如箭同上

哲祿魚似鱸魚色黑味美不腥出甯古塔同上遮鱸魚大可百餘斤有骨而無刺如中華之鯉而其味更勝絕域紀略　赭祿魚細鱗魚頭尖色白吉林外紀七

倒鱗魚出甯古塔船廠城東北龍潭山鱗皆倒生相傳以爲龍種盛京通志　尼失哈站南山上有潭產小魚魚皆逆鱗人不敢食尼失哈者漢言小魚也柳邊紀略

鰳身薄多刺出東海歲以時逆水而上多且厚土人每羣取之名曰淘灣乾者名勒鰳俗呼火勒魚通行郡邑盛京通志

黃花魚扁身弱骨雜黃色腹鰾可黏物出東海同上

鰻圓厚而長口在頷下腹黑背微黃大者或至數十斤同上

鯇身圓肉厚有青白二色俗呼草根魚同上

鰄卽鰷俗呼鰄條同上

鰷形狹而長鱗白而細其性浮俗呼曰漂子同上

鱘鰉魚地理志會甯府貢秦王魚金史二十四 酉陽雜俎

東海人常獲魚長五六尺腹胄成胡鹿刀槊之狀或號秦皇魚太平廣記四百六十五鱘鰉魚混同江出明一統志八十九秦王二字即鱏鰉之誤盛京之魚肥美甲天下而鱏鰉尤奇巨口細睛鼻端有角大者丈計重可三百斤冬日輦以充庖備賜亦有售於市肆者都人分餉之目爲珍品御製鱏鰉魚詩注鱘魚遼名色里麻魚鰉魚即鱣魚肉白脂黃遼時名阿八兒魚今出混同江鼻端有鬚口近頷下雖鱗色不同而形體相類俗統呼鱘鰉又名阿金魚東海小志經典釋文鱏音尋字林云長鼻魚也重千斤又音淫高誘注淮南說山訓云淫魚長

頭身相半長丈餘鼻正白身正黑口在頷下似兩獄魚而身無鱗鱣灰色其肉黃通呼黃魚亦呼鱘鰉魚鱘鱣聲相轉也（爾雅義疏釋魚）去大烏喇虞村八十里地名冷堋產鱣鰉魚處（扈從日錄）鰉魚脃骨鰉魚頭也出黑龍江一帶一魚頭大者須一車載之嘉慶十年前此物甚賤自京中以此骨爲美品魚頭遂不肯售競相晾曬發賣而價亦特貴（竹葉亭雜記八）

牛魚禮志狀似鮪鮪之類也（金史三十一）牛魚混同江出大者長丈五尺重三百斤無鱗脂肉相間食之味美（明一統志八十九）東海有牛魚其形似牛剝其皮懸之潮水

至則毛起退則毛伏物類相感志　引博物志　程大昌演繁露契丹主滔爾河釣牛魚以占歲周麟之海陵集牛魚出混同江其大如牛周必大二老堂雜志牛魚一尾之直與牛同本草生東海中頭似牛今罕見或云即今之鱏鰉魚也是一是二存以參考盛京通志　牛魚鱘鰉魚也頭略似牛微與南方有別土人直呼爲鱘中土人或謂之牛耳重數百斤或千斤混同江虎兒哈河皆有之然其味在鯽魚下柳邊紀略

鯨魚黑水靺鞨傳拂捏開元天寶間入獻鯨睛唐書二百十九　開元七年靺鞨獻鯨鯢魚睛册府元龜　女直出鯨睛明一

統志八十九

魏武四時食制東海有大魚如山長五六里謂之鯨鯢次有如屋者其鬚長一丈廣三尺厚六寸瞳子如三升椀大太平御覽九百三十八

東北海口有大魚長一二丈大一二圍頭有孔如江豚涉波孔中噴水高一二丈訇然有聲可聞數里黑斤濟勒彌通呼爲麻勒特魚每於水漲大作時乘舟持叉邏捕魚出水即以叉擲之叉尾繫長繩俟魚力困憊牽至江沿出之曹廷杰日記

烏互路魚七里性魚皆逆海入混同江黑斤濟勒彌入不知歲月皆以江蛾飛時爲捕魚之候江面花蛾

變白蛾時值五月烏互路魚入江青蛾初飛時值六月至七月上絃七里性魚入江其至也三四聯貫逆流而上轟波噴浪勢甚洶洶魚日行可六七百里黑斤人於江邊水深數尺處多置木樁橫截江流長或二三丈四五丈亦有作方城形虛一面無樁名曰悶橫平置水面下繫以袋網次日操小舟取之每一悶橫可得魚數千斤曹廷杰日記

烏庫哩魚窩古搭出四五月時自迎海水入江盛京通志

達發哈魚窩古搭三姓琿春諸江河有之秋八月自海逆水入江驅之不去充積甚厚腹中子大如玉蜀

黍取魚晒乾積之如糧土人竟有履魚背渡者同上又名打不害肉疏而皮厚長數尺每春漲溯烏龍江而上入山谿間烏稽人取其肉為脯裁其皮為衣無冬無夏襲焉日光映之五色若文錦扈從附錄大發哈魚一作打發哈子若梧桐子色正紅嫩之鮮水耳其皮色淡黃若文錦可為衣裳及為履襪為綫本產阿機各喀喇走山及甯古塔之貧者多服用之柳邊紀略又名達布哈魚牙最利含小魚類肉地之烏魚或以為乾或以為麪亦不一品竹葉亭雜記卷三黑斤江面小青蛾再飛時值七月下弦至八月晦達莫嘎魚逆海入混同江

曹廷杰日記

鯢爾雅郭注今鯢魚似鮎四腳前似獮猴後似狗聲如小兒啼大者長八九尺史記徐廣注人魚即鯢是也廣雅云鰨鯢也司馬相如傳郭注鰨鯢魚也漢書音義云魶鯷魚也然則魶鰨鯷俱鯢之別名也王會篇之前兒即此物兒鯢古字通也爾雅義疏釋魚王會解穢人前兒前兒若獮猴立行聲似小兒逸周書七

江獺出混同諸江形似狗而小長尾色青黑亦有色白者獺穴必預度水所不至人以是為潦水之候混同江尤多盛京通志庫牙喇產海豹江獺皮柳邊紀略

海豹唐開元十八年渤海靺鞨獻海豹皮五張（冊府元龜）女直出海豹皮（明一統志八十九）海豹毛有花點出混同江等處（盛京通志）海豹皮出東北海中長三四尺闊一二尺許短毛淡綠色有黑點可染黑作帽（柳邊紀略）華夷鳥獸考海豹其大如豹文身五色叢居水涯常以一豹護守如雁奴之類其皮可飾鞍褥（格致鏡源八十二）

海龍皮大與海豹等毛稍長純灰色京師人每誤指爲海獺皮（柳邊紀略）

海狗女直出膃肭臍（明一統志八十九）海狗獸身獸頭魚尾尾連兩短足毛有斑文油能澄水腎入藥名膃肭臍

出甯古塔通志盛京都城市中有戲海豹者圍以布幔索錢三文乃許入覩其物實魚而狗頭喙若虎四足類鼈黑質黃斑若豹皮長三尺餘其噓如吼與之食物能以前兩足據桶出水而奪之狀甚猙獰戲者謂海豹按山海經北嶽之山諸懷之水出焉其中多鮨魚魚身而犬首說文有鮨魳郝蘭皋農部謂極似今海狗豈卽膃肭耶竹葉亭雜記八

海驢女直出海驢皮明一統志八十九海驢皮毛在陸地候風潮則毛起本草綱目五十海驢形似驢常於秋月登島產乳皮製雨具雨不能潤今亦罕見通志盛京多出東海

狀如驢舶估有得其皮者毛長二寸許晴則毵毵下垂陰則氄毿整整也或以製卧裀善人御之竟夕安寢不善人枕藉魂乃數驚矣島夷詫其靈不敢蓄也

格致鏡源八十三

海牛女直出海牛皮明一統志八十九形似牛鼉腳鮎毛其皮甚輭可供百用脂可燃燈本草綱目五十一

海豬女直出海豬皮明一統志八十九陳藏器謂海豚生海中形如豕鼻在腦上作聲噴水直上百數爲羣其子如蠡魚子數萬隨母而行人取子繫島中其母自來就而取之狀大如數百斤豬形色青黑如鮎有兩乳

有雌雄其膏最多和石灰艌船最良本草綱目四十四　說文鯯鯯魚出樂浪潘國有兩乳一曰鱄鮮即今之江豬亦曰江豚爾雅釋魚鱀是鱁亦江豚之類也謂之海豚說文段注十一　魏武食制云鮮鰤魚黑色大如百斤豬黃肥不可食太平御覽九百三十九

海貛女直出海貛皮明一統志八十九　遼東女直地面有海貛皮可供衣裘本草綱目五十一

蝲蛄蟹身魚尾澤畔石下有之通志盛京　哈食馬拉姑水族也似蝦有螯似蟹無甲長寸許產溪間扈從日錄　剌姑魚身如蝦兩螯如蟹大可盈寸擣之成膏絕域紀略　生

於江邊淺水處石子下上半身似蟹下半截似蝦長二三寸亦鮮美可食（寧古塔紀略）

蚌哈形長曰蚌圓曰蛤烏拉諸江出者多狹而長內孕明珠（盛京通志）

蟹女直多大魚螃蟹（北盟會編三）渤海螃蟹紅色大如椀螯巨而厚其脆如中國蟹螯（大金志二十七）俗呼螃蟹至秋味腴又海蟹頗大而腥有虎皮金錢諸名（盛京通志）今出琿春海中其大者圓徑可二尺餘（採訪冊）

鼈夫餘國東明奔走南至淹㴲水以弓擊水魚鼈皆聚浮水上東明乘之得渡因至夫餘而王之（後漢書一百十

五俗呼團魚又名脚魚甲入藥通志　盛京

蝦出海中者去殼曰蝦米通行各省大者長數寸生海邊者名紅毛子作蝦醬尤佳曬乾者曰蝦米上同

海螺出海中種類尤多上同烏稽出魚皮海螺水獺甯古塔紀略

蛇長白山其上禽獸皆白人不敢入恐致蛇虺之害契丹志二十七吳振臣云余曾於六月中簷下遘一蛇長三四尺以小刀斷爲三四頃刻卽連又斷四五復接如舊行更速再斷之每斷用木夾擲牆外有懸於樹上者始不能連後有識者云此卽續弦膏弓弦斷處以

此膏續之膠固異常雖用之積久他處斷而接處不斷乃無價寶也甚爲惜之（寗古塔紀略）

海參形如蟲有肉刺琿春出者尤佳海紅形如海參海茄形如團哈皮肉似海參無刺滋陰妙品均出琿春（吉林外紀七）

琴蟲大荒北經肅愼氏之國有蟲獸首蛇身名曰琴蟲郭注亦蛇類也（山海經十七）

蟲屬

蠶濊知養蠶作錦布（後漢書一百十五）濊有麻布蠶桑作緜（魏志三十）高句驪民皆衣布帛土田薄埆蠶農不足以自

供魏書一百遼地多寒畜之者猶少盛京通志

山蠶一名槲繭放之槲柞等樹春秋收繭練絲爲紬

又有綠繭多生山中杏條上綠色堅靭箭扣用之同上

少昊九雇其一桑雇竊脂爲蠶驅雀可見唐虞以前

大抵皆山蠶耳爾雅云蟓桑繭雔由槲繭棘繭欒繭

蚢蕭繭此五繭惟食桑者成於蠶食餘四種并山蠶

棘蠶李時珍謂蠶食柘與奴柘所成今有一種野蠶

成繭於蒿艾間蕭繭或卽類此惟欒繭不可知槲繭

卽齊之椿繭亦卽槲繭亦可呼柞繭御覽引廣志曰

柞蠶食柞葉可以作綿蓋卽槲繭也鄭珍槲繭譜

白蠟蟲唐宋以前澆燭入藥所有白蠟即蜜蠟也其蟲白蠟則自元以來人始知之其蟲大如蝨芒種後則延緣樹枝食汁吐涎黏於嫩莖化爲白脂乃結成蠟狀如凝霜處暑後則剝取謂之蠟渣若過白露即黏住難刮其渣煉化濾淨凝成塊即爲蠟其蟲嫩時白色作蠟及老則赤黑色乃結苞於樹枝初若黍米大入春漸長大如鷄頭子紫赤色纍纍抱枝宛若樹之結實蟲遺卵則作房俗呼爲蠟種亦曰蠟子子內皆白卵如細蝨一包數百次年立夏日摘下以箬葉包之分繫各樹芒種後苞拆卵化蟲乃延出葉底復

上樹作蠟本草綱目三十九　熟女眞土產黃蠟契丹志二十二寧古塔亦有蠟遇喜慶事漢人自爲蠟燭滿洲人亦效之然無賣者寧古塔紀略

蜂蜜出吉林諸山中通志盛京　寧古塔不知養蜜蜂有採松子者或樵者於枯樹中得蜂窩其蜜無數漢人教以煎熬之法始有蜜寧古塔紀略　有蜂蜜貴家購之以佐食下此不數數得絕域紀略　吉林有白蜂蜜蜜脾蜜尖生蜂蜜竹葉亭雜記一

蜾蠃亦名土蜂純雄無雌其子卽螟蛉盛京通志

蟋蟀一名促織秋後則鳴穴於竈者名竈雞同上

蟪蛄廣雅謂之蟧蛁今俗名聒聒同上

螳螂俗呼刀郎乳子作房著樹枝即螵蛸入藥同上

蜣蜋俗呼矢殼郎好轉糞爲丸同上

蛾蠶蛾而外凡草木蟲以蛹化爲蛾者甚多同上

蝶山中蝶大如掌彩色斑斕子即山蠶也同上

螢螬蜻蜓所在多有又蚰蜒蜈蚣水蛭蜉蝣蚓山原草澤皆有同上

壁錢似蜘蛛而色斑壁上作幕如錢同上

蟾蜍背黑無點多痱癗俗呼癩蝦蟆又山哈多伏巖中似蝦蟆而大腹俗呼哈什蟆其油可食同上

蝸牛頭有兩角涎畫屋壁又土蝸俗呼鼻涕蟲同上

蛇師即蜥蜴俗呼馬蛇子同上

蚊虻窠稽蚊蠛白戟之類攢嚙人馬馬畏之不前乃焚青草聚煙以驅之柳邊紀略惟黑龍江蚊不入室盛京通志

蠛蠓蠅所在皆有採訪冊

蜚蛭大荒北經肅愼氏之國有蜚蛭四翼山海經十七

庶物

鹽勿吉水氣鹹生鹽於木皮之上亦有鹽池魏書一百黑水靺鞨有鹽泉氣蒸薄鹽凝樹顛唐書二百十九產鹽之地如渤海等處五京地司各以地領之遼史六十遼金故地

多產鹽上京東北二路食肇州鹽率賓路食海鹽大定二十四年上在上京謂丞相烏庫哩元忠等曰舊率賓以東食海鹽扶餘呼爾哈等路食肇州鹽初定額萬貫今增至二萬七千若罷鹽引添竈戶庶可易得（金史四十九）女直鹽生木枝上亦有鹽海（明一統志八十九）甯古塔有土鹽（盛京通志）

鐵渤海所貴者位城之鐵（唐書二百十九）神册初平渤海得廣州本渤海鐵利府改曰鐵利州地亦多鐵（遼史六十）女直舊無鐵鄰國有以甲冑來鬻者景祖厚價以與貿易（金史一）甯古塔地中掘出舊鐵多正隆字正隆乃金

王亮年號也絕域紀略

煤生者曰炸子烘去濁煙者曰燋子可代柴炭盛京通志

硝鹻土熬成皮硝攻皮芒硝入藥火硝備軍需同上

蘆酒勿吉嚼米醞酒飲能至醉魏書一百蘇鞨嚼米爲酒飲之亦醉隋書八十九米兒酒名詹沖弩力或即蘆酒炊穀爲糜和以麴蘖須臾成醞朝釀夕飲味少甘多飲不醉扈從日錄

呵膠女直出明一統志八十九呵膠出虜中可以羽箭又宜婦人貼花鈿口噓隨液故謂之呵膠劉貢父和陸子

履詩云此膠出從遼水魚白羽補綴隨呵噓詞林海錯

骨咄角靺鞨士多骨咄角唐會要契丹重骨咄犀犀不大紋如象牙黃色止是作刀柄已爲無價天祚以此作兔鶻插垂者續松漠紀聞骨咄犀迺蛇角也其性至毒而能解毒蓋以毒攻毒也故又曰蠱毒犀葉森子必明將骨咄犀刀靶二來看即此也其花紋如今市中所賣糖糕或有白點或有如嵌餹餻點以手摸之作巖桂香若更摩之無香者僞物也雲煙過眼錄殊爲即海

象牙明一統志八十九

澄明酒宣室志會昌元年扶餘國貢澄明酒色紫如

膏飲之令人骨香太平廣記四百四

布帛

布東沃沮其租稅布濊俗知作緜布後漢書一百十五夫餘衣尚白白布大袂三國志三十肅愼以布作襜逕尺餘以蔽前後晉書九十九高句麗衣布帛及皮魏書一百靺鞨婦人服布隋書八十一渤海所貴者顯州之布唐書二百十九唐天寶七載黑水靺鞨獻六十綜布册府元龜女眞有細布契丹志二十六女眞惟有織布大金志八海蘭路歲辦課白布二千疋率賓路布一千疋元史九十四高士奇扈從雜記詩貨殖往來惟鑼布市中全不識銀錢扈從日錄陳敬尹言順治

時寗古塔之滿洲富者緝麻爲寒衣擣麻爲絮貧者衣麅鹿皮不知有布帛匹布可易稗子穀三石五斗有撥什庫某得一白布縫衣元旦服之人皆羨焉今居寗古塔者衣食粗足則皆服紬緞矣柳邊紀略

麻布夫餘有麻布後漢書一百十五女眞寗江州推場以麻布爲市契丹志六麻布女眞出明一統志八十九

毛布書熊羆狐貍織皮傳織皮今罽也舍人云氂謂毛罽也胡人績羊毛作衣尚書注疏六夫餘出國則尚繒繡錦罽三國志三十夫餘出使乃衣錦罽肅慎績毛以爲布晉書九十九渤海立互市鐵離靺鞨等部以牛羊駝馬

毼罽等物來易於遼遼史六十諸小國貢進物產有褐黑絲門得絲怕里絲皆細毛織成以二丈爲匹契丹志二十一

紵遼天顯五年東丹國人皇王獻白紵遼史三金人衣服尚如舊俗貴賤以布之粗細爲別富人春夏多以紵絲緜紬爲彩大金志十六

緜渤海所貴者沃州之緜唐書二百十九說文蕆貉中女子無絝以帛爲脛腔用絮補核名曰縛衣絮敝綿也說文系部

紬渤海所貴者龍州之紬唐書二百十九天寶七載黑水靺鞨獻魚牙紬朝霞紬册府元龜

麻布紙名攤他花兒上烏拉無紙八月卽雪先秋擣
敝衣中敗芒入水成氄漉以蘆簾爲紙堅如革紉之
以蔽戶牖日錄扈從甯古塔無間人而女子爲最糊牕則
搥布以代紙絕域紀略

寶藏

金夫餘以金飾腰晉書九十九高句麗金則出自夫餘魏書
一百唐天寶七載黑水靺鞨獻金銀冊府元龜女眞其地多
金銀契丹志二十五今麻衣河古洞河及琿春甯古塔三姓
等處皆產採訪冊

銀夫餘國以銀飾帽魏略近天寶山所產銀苗甚旺盛

京通志烏喇頗稱饒裕其市以銀布不以錢扈從日錄甯古塔交易銀數不計奇零如至兩則不計分釐至百十則不計錢分康熙錢行至船廠而止與順治及明錢大小并用船廠東至甯古塔則但知用銀銀椎扁若書帕色足九六七以下便不用柳邊紀略

鉛天寶山銀礦出盛京通志

東珠夫餘傳大珠如酸棗後漢書一百十五元至元十一年命密旦安山等於松阿哩江採珠元史九十四北珠美者大如彈子而小者若桐子皆出遼東海汊中每八月望月色如晝則必大熟乃以十月方採取蚌珠而北

方沍寒九十月則堅氷厚已盈尺矣鑿氷沒水而取之北盟會編三

真珠阿也苦河出明一統志八十九今出混同江及烏拉諸江河中生於蚌蛤大可半寸小亦如菽採珠者以四月往八月歸正月入貢盛京通志

烏喇水出北珠珠蚌生支江山溪中人於五六月間入水採老蚌剖取最大者充貢其色微青不甚光瑩亦不常有但清水急流處色白濁水及不流處色暗亦往往有得細珠者不敢私取仍投水中然總不及南海之珍珠美且多扈從日錄

劉綸恭和

御製採珠行元韻天地沆瀣清瀰淪光涵璣斗潛效珍從來至寶恥魚目肯隨蜃蛤霾荒村吉林地踞海壖勝龍宮鮫室難具論一江瀅洄作漩折分形滿月珠胎眞御艦臨流試一採映山黃帽朝曦新健丁緣索快深探松醪恩意歡沾脣取玉無多石去璞揀金幾許砂披銀老蚌出川娟乍獻縠積頑礦皆枯皺因知象罔蓋輸道勤求赤水庸辭辛聖文璀璨照百琲敢持瓦礫希圓神　一百二十一　盛京通志

汪由敦前題長源星漢波沍淪天寶所萃多潛珍虞衡著籍採珠戶千家散處江邊村年年泅採貢天府

甲乙品第公評論珠戶歲以冬杪貢珠內務府大臣及工部會定差等
翠華東巡歷江滸臨淵一試知其眞是時秋宇正寥泬纖雲
無翳江光新旗丁袒入鮫人室出沒深瀨沿沙脣足
探得蚌俯而拾剖出一一堆白銀夜光明月雖罕見
勻圓頰采無瑕皴迴旋迸濩沁肌骨縋舟繫石多苦
辛觀餘行賞灑
宸藻瓊璣萬斛眞通神同上

金德瑛前題異物自秘如隱淪時當
盛明方效珍疑有驪龍抱之臥光媚夜燿東西村鮫人蜑戶
供職役淩波蹈險非所論茲當

萬乘親臨采魚目遠遁留其眞中秋節屆桂魄滿上下相映
爭鮮新老蚌潛居恃得計閉房噤口深緘脣一朝獲
嘗探幽底剖剔磊落流盤銀呈能獻技務多取敢惜
手足皮膚皴
帝曰汝寒賜汝酒勝如挾纊忘勞辛留餘不盡毋竭澤藏珠
于淵司以神
玉夫餘挹婁出赤玉後漢書一百十五夫餘庫有玉璧珪瓚
數代之物傳世以爲寶魏志三十挹婁出青玉太平御覽女眞
土產玉契丹志六赤玉阿也苦河出明一統志八十九一統志甯
古塔出青玉今烏拉甯古塔赤玉不多見凍青玉則

間有之或云輝山洞中有玉脈出白玉然不能得也

盛京通志

松花玉亦曰松花石出混同江邊砥石山玉色淨綠光潤細膩可充硯材品埒端歙同上

松花石硯溫潤如玉紺綠無瑕質堅而細色嫩而純滑不拒墨澀不滯筆能使松煙浮豔毫穎增輝昔人所稱硯之神妙無不兼備洵足超軼千古格致鏡源三十七

高宗御製松花石硯銘曰出天漢勝玉英琢爲硯純粹精觔

藻慶省成二集三十九御製文

幾摘

寶石古肅慎氏產寶石大如巨栗中國謂之靺鞨冊府元龜
錄
靺鞨寶石色赤紅大如粟今嫩江諸岸出五色石通明如瑪瑙紅圓者象含桃云盛京通志劉鳳誥石子詩采采嫩紅綠光晶石子鋪人今投靺鞨地古擅瑜玗存悔齋集十九又混同江產五色石用以取火絕佳甯古塔紀略
綠端石出甯古塔諸河邊盛京通志
紫瓷盆會昌元年渤海貢紫瓷盆容半斛內外通瑩其色純紫厚可寸許舉之則若紅毛杜陽雜編
器用

石砮肅慎氏貢石砮國語王會解夷用䦨木孔晁注木生水中色黑而光其堅若鐵逸周書七陳留王紀肅慎國獻其國弓三十張石砮三百枚魏志肅慎有石砮其利入鐵晉書九十七武帝紀肅慎國重譯獻楛矢石砮宋書靺鞨自拂涅以東矢皆石鏃隋書八十一黑水靺鞨居肅慎地其矢石鏃長二寸蓋楛砮遺法唐書二百十九靺鞨國弓長四尺如弩青石爲鏃括地志挹婁國其人善射青石爲鏃皆施毒中人皆死太平寰宇記挹婁獻楛矢石砮於趙通鑑石砮名水花石堅利入鐵可銼矢鏃土人將取之必先祈神明一統志八十九今用者少盛京通志近混江中

出石砮相傳松脂入水千年所化有紋理如木質紺碧色堅過於鐵土人用以礪刃名爲昂威赫寗古塔紀略郝懿行肅慎氏砮考近世閻百詩聞甯古塔人云混同江邊榆松二樹枯枝墜水化而爲石可爲箭鏃按古書有言松爲石氣所生乃石既爲松松又爲石松石二物其氣本通而形相變枯枝所化其說信而有徵曬書堂集七木變石惟松則然關東多有之非奇物也隙光亭襍識引墨客揮犀云泰山有柏木一枝長數尺半化爲石又錄異記婺州永康縣山亭中有栝松樹因斷之誤墜水中化爲石今嘗見人蓄松花石爲

玩可驗其說非誣案此石惟松能化墨客揮犀之所謂柏恐亦松之誤也關東人取此石製爲佩刀形安以柄用以磨錯鐵刀如泥古所未聞也竹葉亭雜記八安石出混同江北岸松榆等枯枝落水浸灌既久堅黑如石可以礪刃又平頂山及煤駝洞石剖之有文彩可製器玩又浮金石可爲硯採訪冊

楛矢明帝紀肅慎氏獻楛矢魏志魏景元三年肅慎獻其國弓三十張長五尺五寸楛矢長一尺八寸冊府元龜

楛矢女直出明一統志八十九楛木長三四寸色黑或黃或微白有文理非鐵非石可以削鐵而每破於石居人

多得之虎兒哈河相傳肅慎氏矢以此爲之好事者藏之家非斗粟不易楛矢自肅慎氏至今凡五貢中國勿吉室韋之俗皆以此爲兵器或曰楛矢或曰石鏃或曰楛砮歷代史傳言之娓娓今余所見直楛耳無有所謂鏃與砮也柳邊紀略

皮骨鐵雜鎧景元二年肅慎國獻皮骨鐵雜鎧魏志

弓帝舜二十五年息愼氏來朝貢弓矢竹書紀年句驪別種依小水爲居因名小水貊出好弓所謂貊弓是也後漢書一百十五濊樂浪檀弓出其地典論濊貊貢良弓晉書九十七肅慎氏有檀弓三尺五寸吉林弧矢之利童而習

之小兒以榆柳爲弓曰斐闌剡荆蒿爲矢翦雉翟鷄翎爲羽曰鈕勘御製斐蘭詩注

樺木箱名亞拉桂紫山多樺木土人取爲笥以盛衣物如木如革文理蔚然不假髹采扈從埘錄

木椀夫餘飲食類皆用俎豆後漢書一百十五　女眞食器無瓠陶皆以木爲盆春夏之交止用木盆注粥以長柄小木杓數柄回環共食以木楪盛飯木椀盛羹北盟會編

三摩木羅滿洲語謂木椀如盂如鉢斲痕粗備薦食陳嘗無貴賤咸需之扈從埘錄　甯古塔無陶器有一瓷椀如重寶然羣不貴遂不足寶矣凡器皆木爲之出高

麗者精復難得大率出土八手七箸盆盂比比皆具

大至桶甕亦自爲之絕域紀略伐大樹作器用其蓋碟盆

盎瀵盤之屬俱以獨木爲之甯古塔紀略

木匙名差非長四寸銳上豐下削木爲之燎以火使

曲雜佩帶上以代箸扈從附錄

木甑名服寺黑狀如盆口廣二尺許底差歛於匸棱

其口以引氣置粟於中蒸而始舂非炊器也扈從附錄

瓦罇肅愼氏作瓦鬲受四五升以食晉書九十九高六七

寸腹大如缶口小於錢短項而甓足其質土其聲木

產自高麗此方珍之以貯藘酒名猛姑藏扈從日錄

木槽名護主封木如舟可受水石許橫置爨側以代

盆盎扈從坿錄

煙囪名摩呼郎相木之竅穴者截爲柱樹土炕外引

煙出之覆以筐以避雨雪若巨表然扈從坿錄煙囪以完

木之自然虛中者爲之久之碎裂則護以泥或籐縛

之柳邊紀略

糠燈名蝦棚即穀糠油滓和以米汁附蓬梗上狀如

燭而長十倍然之青光熠熠煙集如雲以此代燭燈

架名搽不蝦刺取三了樹斷而置之一莖直立鑿以

銜燈扈從坿錄糠燈以米糠和水爲之順手黏麻稭逆手

黏則不可然晒乾長三尺餘插架上或木牌光與燭等柳邊紀略

高麗几名梭兒合得平其腹棱其緣高可七寸廣二尺餘屈戍鍵之可支可折扈從坿錄

木桶名石杭截大木空其中以釀酒以腊齋同上

柳斗名呼扭編柳條爲之以汲泉量粟同上

鞋夫餘出國則尚繒繡錦罽袍袴履革鞜魏志三十木板鞋名薩喇長尺許以皮鞔之歷雪磧峻嶺逐獸如馳同上

快馬以樺皮爲之長丈餘寬約二尺兩頭窄才容一

人黑斤人乘之以叉魚曹廷杰日記

梭船混同江其俗刳木爲舟長可八尺形如梭曰梭船船上施一槳止以捕魚至渡車則方舟或三舟契丹志二十七

刳木爲舟長可丈餘形如梭子呼爲威忽施兩槳捕魚江中往來如駛船廠戰艦四十餘艘雙帆樓櫓與京口戰船相似又有江船數十亦具帆檣日習水戰扈從日錄

威護小船也獨木虛中鋭其首大者能容人五六小者二三一人持兩頭槳左右櫂之亂流而渡扈從附錄

寗古塔船有二種小者曰威弧大者曰五板船三艙合五板爲之合處不用灰釘以木可受十餘

人蹺長數尺兩頭若柳葉而圓其中人執之左右欋若飛五板船富者乃有之威弧隨處有之秋冬則以爲馬槽柳邊紀略

車勿吉其國有車馬佃則耦耕車則推步魏書一百

扒犂名法喇車而無輪犂而有箱載不以盈險不以傾氷雪時利用焉扈從坿錄

法喇以木爲之犂有駕車而無輪轅長而輭雪中運木者也駕以牛柳邊紀略

榛柃瓔孟遼蒲路虎受命治渤海城有僧以榛柃瓔孟遮道獻之曰可以酌酒松漠紀聞

吉林通志卷三十五

食貨志八　土貢

果子樓貢品

頭次鮮

鹿尾十盤

胷叉肉十塊長一尺二寸寬三寸

肋條肉十塊長八寸寬五寸

臀尖肉十塊長九寸寬五寸　以上四種係甯古塔阿勒楚喀琿春等處呈進

稗子米一斛本城與外五城均攤

鈴鐺麥一斛同上

二次鮮

稗子米一斛本城與外五城均攤

鈴鐺麥一斛同上

歲進貢品

安楚香九十束本城兵司派員呈進

山豬一口阿勒楚喀呈進

鹿尾二十盤甯古塔阿勒楚喀琿春等處呈進

山雞一百隻琿春四邊門等處呈進

鱘鰉魚三尾伯都訥三姓等處呈進

白魚七十尾同上

鯽魚七十尾甯古塔呈進

稗子米四斛本城與外五城均攤

鈴鐺麥四斛同上

山梨紅五罈甯古塔阿勒楚喀等處呈進

山梨五罈同上

樝李五罈伯都訥呈進

山韭菜二罈本城呈進

藈葱二罈同上

松塔三百箇額穆赫索羅兩路驛站等處呈進

柳木長槍鞘十六根本城虎槍營派員採進

赤白松木長槍鞘十六根同上
柳木彎槍鞘八根三姓呈進
赤白松木彎槍鞘八根甯古塔呈進
虎槍桿三十根呈送地方無考
白樺木箭桿二百根本城呈進
楓樺木箭桿二百根琿春呈進
楊木箭桿二百根同上
椴木箭桿二百根本城呈進
加寬楝木彎槍鞘十六根本城虎槍營派員採進
椴麻槍繩二十五盤三姓呈進

老鸛眼木彎槍鞘一根甯古塔呈進
椋木彎槍鞘一根同上
呈送年例
白圓樺木箭桿八千根本城外五城均攤
雕翎八千副同上
右皆據烏拉册報按之道光年間姚元之竹葉亭雜記所載則品物較夥數目亦復不同蓋其時每歲貢鮮皆先開單呈
覽其奉
硃筆圈出者

批令依此呈進其餘每年歷有刪減至今遵爲永制是以與

當日名數頗殊今將姚氏所記詳列於後以備參

考亦以見

聖人軫恤人勞檢身克己之意洵可爲萬世法也

吉林屬每歲進貢方物竹葉亭雜記一下皆同

四月內進油炸白肚鱒魚肉釘十罈今無

七月內進窩雛鷹鷂各九隻今無

十月進二年野豬二口今無 一年野豬一口今有 鹿

尾四十盤今兩次呈進三十盤 鹿尾骨肉五十塊今十塊 鹿

肋條肉五十塊今十塊 鹿胷岔肉五十塊今十塊 曬

乾鹿脊條肉一百束今無　野雞七十隻今作一百隻止一次呈進

稗子米一斛今同　鈴鐺米一斛今同

十月内由圍場先進鮮味二年野豬一口　一年野

豬一口今俱無　鹿尾七十盤今無　野雞七十隻今無

樹雞十五隻今無　稗子米一斛今同　鈴鐺米一斛今同

十一月進七里香九十把即安楚香今同　公野豬二口

母野豬二口　二年野豬二口　一年野豬二口

鹿尾三百盤　野雞五百隻　樹雞三十隻以上今俱無

鰉鰉魚三尾今同　翹頭白魚一百尾今七十尾　鯽魚

一百尾今七十尾　稗子米四斛今同　鈴鐺米一斛今四斛

山查十罈今減半 梨八罈今五罈 林檎八罈即櫨梨今
同 山韮菜二罈今同 野蒜苗二罈今無 松塔三百
箇今同 柳木槍鞘八根今十六 柳木線槍鞘八根今十
六 駮馬木槍鞘八根即赤白松今十六 駮馬木綫槍鞘
八根今十六 櫨梨木虎槍桿三十根今同 樺木箭桿
二百根今同 根木箭桿二百根今同 白樺木箭桿二
百根今同 楊木箭桿二百根今同 海青蘆花鷹白色
鷹俱無額數今無 窩集狗五條原注係奉旨之年賫進今無
赫哲費雅喀奇勒爾官貂鼠皮二千五百八十張原注
隔一年賫送進
御覽今有 紫樺皮二百張 上用紫樺皮

一千四百張　白樺皮一千四百張原注隔一年進
御覽
官紫樺皮二千張　又交下五旗官紫樺皮一萬二
千張　白樺皮三千張　熯木皮四百五十斤　莝
草四百五十斤　又交下五旗每旗熯木皮各五十
斤莝草各五十斤原注以上俱賫送武備院查收　以上今俱無
接
駕及恭賀
萬壽進貢物產　貂鼠　白毛梢黑狐貍　倭刀　黃狐
貉　梅花鹿　角鹿　鹿羔　麆　麆羔　麞
虎　熊　元虎皮　倭刀皮　黃狐皮　猞猁皮

水獺皮　海豹皮　虎皮　豹皮　灰鼠皮　鹿羔
皮　雕鶴翎今有　海參　白肚鱒魚肉釘　烤乾白
肚鱒魚肚囊肉　油炸鰣鰉魚肉釘原注以魚油炸魚國語名黑
伙　烤乾細鱗魚肚囊肉　草根魚　鰟頭魚　鯉
魚　花鰟魚　魚油　曬乾鹿尾　曬乾鹿舌　鹿
後鞅肉　小黃米　炕稗子米　高糧米粉麪　玉
秫米粉麪　小黃米粉麪　蕎麥麪　小米粉麪
稗子米粉麪　和的水餚餑餑　搓條餑餑　豆麪
翦子股餑餑　打餻肉夾搓條餑餑　炸餃子餑餑
打餻餑餑　撒餻餑餑　豆麪餑餑　豆䴵餻餑

餑　蜂餻餑餑　葉子餑餑　水䭡子餑餑　魚兒
餑餑　野雞蛋　葡萄　杜李　羊桃　山核桃仁
松仁　榛仁　核桃仁　杏仁以上今並無　松子今有
白蜂蜜今有　蜜脾今有　蜜尖今有　生蜂蜜今有　山
韭菜　貫眾菜　藜蒿菜　槍頭菜　河白菜　黃
花菜　紅花菜　蕨菜　芹菜　叢生蘑菇　鵝掌
菜以上今俱無
打牲烏拉總管等應交鱘鰉魚鱸魚雜色魚無定額
俱據各該處咨送驗收
吉林將軍應交鹿尾野豬鱸魚細鱗魚野雞樹雞等

俱由該處奏進按數目驗收
打牲烏拉總管等每年應交煠鱸魚十餅山韭菜三餅稗子米鈴鐺麥生熟魚條白麪掛麪燕窩百合山藥魚笋等無定額俱據該處咨送驗收次日奏
聞又吉林將軍每年額交稗子米鈴鐺麥煠鱸魚鹿肉乾山韭菜小根菜等由該處奏進按數目驗收會典事例九百

一

松子打牲烏拉貢歲九月先進松子三信斗十月續進松子八千七百斤有奇松塔子一千枚凡白露後由三旗派驍騎校委官各三員領催三人珠軒頭目

鋪副十八八打牲丁六百五十協領署派兵一百五十合爲三莫音赴拉林拉法冷風口產松處所收採至寒露畢役總管遣員送内務府

樺皮三姓貢間歲採伐一次初伏前二日派員帶弁兵四十八乘船赴羅拉密河口偕會垣委員進山採取足額運伯都訥副都統署輸送

鱘鰉魚先由吉林將軍呈貢鱘鰉魚十尾盈丈者二餘八尾不立限鱒魚九尾翹頭白魚鮊鯚魚草根魚鰉魚細鱗白魚共四百尾第二次將軍總管會銜呈貢鱘鰉魚十尾如前例鱒魚九尾翹頭白魚鮊鯚魚

草根魚鯉魚細鱗白魚亦四百尾凡捕魚歲至穀雨節派員弁打牲丁都九十人赴邊外產魚各河盪網捕打隨送圈蓄養立冬節復遣員弁打牲丁都七十七人赴伯都訥境產魚各河捕打諸色魚冬至前捕足運巴延河總管掛冰每次用驛車二十輛輸京師

內務府

三姓貢鱘鰉二尾長八尺重六斤以上鳥魚二十五尾以上皆據印册

蓄養鱘鰉魚渚

龍泉渚在松花江左吉林界內建有公廨

巴延渚在江右蒙古扎薩克公界內設捕魚總管每
屆冬至前入貢各種魚運此掛冰總管郎由此發貢
長安渚在江右蒙古扎薩克公界內建有公廨
如意渚係陶賴昭站通場在站西南十里許公廨一
所
細鱗魫魚打牲烏拉貢分春秋二季春季以正月下
旬秋季以八月望後魚各五十尾輸
盛京禮部轉送
五陵供祭祀之用凡捕魚歲至立秋節派驍騎校委驍騎校
委官各一員領催頭目及打牲丁都七十五分爲六

莫音赴各河口捕打又派五品翼領一員頭目打牲丁六人往來督察所得魚即燃火炙乾送署中貯庫堵罟魤魚各河先在吉林城南松花江上　輝法河　吉爾薩河　佛多和河　交哈河　穆欽河　色勒河　薩莫溪河

咸豐年間金匪擾亂移至貢山內大小各河口　東山河　舒蘭河　和倫河　珠奇河　拉林河　錫蘭河今作溪浪河　三岔河　牡丹江　大石頭河　都林河　黃泥河同上

蜂蜜打牲烏拉貢白蜜蜜尖蜜脾各十二匣生蜜六

千斤歲寒露節後由三旗派驍騎校委官各三員領催珠軒頭目鋪副打牲丁都六百有八協領署派兵一百五十分爲三莫音赴舒蘭和倫冷風口珠奇採捕生蜜別遣委官一員領珠軒頭目鋪副打牲丁都三十有五爲一莫音專捕白蜜蹔蜜尖蜜脾十二月用驛車十三輛派員弁送京師輸內果房報册東珠打牲烏拉貢上三旗凡五十九珠軒每珠軒交東珠十六顆都九百四十四顆歲七月烏拉總管即備文由將軍奏請來年採捕與否如停止即咨奉吉黑三城將軍派員巡禁以防偷捕採捕之年吉林水

師營領大船七總管署造舦舻船三百五十九烏拉協領署造舦舻船四十鐵鍋布帳各三百五十九及一切雜用物悉取之俸餉領河莫音凡六十有四派四品翼領五品翼領驍騎校七品委驍騎校委官領催等六十四員打牲丁一千七十七協領署派防校領催六員披甲一百二十俱分隸莫音上由長白山江水發源處下至三姓阿勒楚喀眾龍江墨爾根愛琿各河分地採捕而甯古塔境内河非松花江分支者鍋帳由陸路運往冰始判先後行諸莫音於四月杪抵各河口更番撈捕至處暑節止凡捕得頭等珠

者顆準五二三四等以次遞減五等珠仍以顆爲數
視所得多寡溢額不及額者差其賞罰總管會同將
軍遣翼領以下官及營兵護送至京輸之內務府上以
皆據烏
拉印册
康熙四十年覆准烏拉打牲壯丁連幫丁每一名額
取貂皮二十張爲數過多又因二等有光無光東珠
折算除無光東珠及珍珠不入正額外現有珠軒頭
目三十三名定爲每珠軒額徵一等二等有光東珠
十六顆歲徵東珠共五百二十八顆九百十八會典事例
乾隆十五年議准蜜戸內有採蘉丁三百名改編十

二珠軒採捕東珠每珠軒歲徵東珠十六顆同上

三十二年議准採蜜丁一百五十名改令採捕東珠

歲徵東珠八十顆同上

東珠設珠軒置長上三旗珠軒五十有四下五旗珠軒三十有四每珠軒以得東珠十有六顆爲率重自一分至十分爲度合計所入之數倍者或以一當五或以一當四當三當二尋常者仍以一當一分爲五等不及等者不及正數內如於額外多得總管以下等人按數給賞其東珠由黑龍江將軍捕牲總管選取輸納皇朝文獻通考三十八

謹按會典通考所載閒有與今不符者其改革之
制今無可考
捕珠各河口河境在奉天黑龍江所轄者不錄
伊屯河　柳春河　三屯河　佛多和河　發河
舒敏河　吉爾薩河　滚河　輝法河　恰庫河
托琿那爾琿河　額赫訥音河　大圖拉庫河　尼
雅穆尼雅庫河　和通額河　富爾哈河　薩木奇
河　色勒河　穆欽河　斐依戶河　拉法河　温
德亨河以上吉林府屬　嘎哈哩河　鄂勒琿海蘭河　佈
爾哈圖河　珠魯多琿河　瑪爾呼哩河以上甯古塔屬

海蘭河　薩爾佈河　舒蘭河　阿穆蘭河　烏斯
琿河　倭肯河以上三姓屬　阿勒楚喀河　拉林河以上
阿勒楚喀屬

貂皮由三姓納貢三姓東之松花江兩岸直達東海
爲赫哲部落歲貢貂二千三百九十八張黨貂二百
四十六張間歲賞烏綾布帛諸物又恰喀拉赫哲每
年入貢暨黨貂凡二千六百八十九張年終副都統
遣員送至京師輸內務府以上皆據該處印册

順治二年定烏拉打牲壯丁每一名歲徵貂皮十有
五張會典事例九百十八

康熙二十四年都虞司咨開總管內務府奏言打牲
烏拉總管希特庫文稱向按定章捕打貂皮東珠派
丁一百九十二名每丁一名交貂皮二十張以皮折
珠莫如將捕貂差使裁去專歸捕珠誠與牲丁有益
此後烏拉貢貂遂裁烏拉冊報
入蔘由吉林將軍採買呈進咸豐三年將軍景淳奏
請歇山蔘務既停票銀抵餉凡產蔘山場如吉林之
英額嶺三姓之烏蘇里江甯古塔之綏芬河阿勒楚
喀之羅拉密山一律封禁光緒六年將軍銘安奏
旨採辦嗣後歲進二三次有差應用工價銀在蔘藥稅局

課款下開支著爲令典文移

戶部委員攜信票出口招商給票入山開採每票以納人蔘十有二兩爲則每歲所採以給票之多寡爲盈縮採二年三年間停一年由吉林將軍甯古塔副都統隨時酌奏通考三十八謹按厥後章程遞有變改文繁不載

附八旗人蔘山採捕山場

凡上三旗及五旗王以下奉恩將軍以上採捕山場各有分界俱載於後八旗通志二十一下皆同

鑲黃旗 赫徹穆原作黑車木 馬佳河原作馬家 尼哈爾哈 色欽 兆佳河原作趙家 額爾敏河原作厄兒民

哈爾敏河原作哈爾民河崗　佟佳江原作佟家河　拉哈河原作拉哈多布庫河　奇爾薩河原作牙爾渣河以上八淩山　博多和原作波那活河　伊勒們原作一而門　呼蘭原作呼藍　馬哈拉以上採捕山

正黃旗　穆欽原作木起　呼渾谷背山傍　幽呼羅東界　克徹穆　烏蘭原作五林峯　額爾敏河見上　哈爾敏原作哈兒民河夾岡　佟佳江見上　拉哈多布庫河　呼濟山原作渾濟山　見得黑山以上八淩山　伊勒們見上　雅蘭河原作牙瀨港　額赫烏郎吉原作厄黑五陵阿以上採捕山

正白旗　呼蘭原作雷　康薩嶺原作剛山嶺　楝鄂原作

東勝阿答　巴勒達岡原作濟爾歌把羅打八拉岡　濟爾格河

瓦爾喀什原作瓦而喀什八羅　窩集嶺原作覺羅衛濟嶺　安巴

舍哩原作昂把釋楞　綿灘厄母皮里　呼蘭原作湖南谷

呼蘭河原作湖南嶺　布魯張市　拉欣河原作乂欣谷

棱希納　牛汪彥舍里原作鈕王澗谷　庫布爾亭河原作

布勒以上八蔓山　布爾哈河布原作希　阿克敦　商堅哈

達原作上澗峯　穆舒河原作木書河以上採捕山

正紅旗　尼哈爾哈　薩穆當阿原作撒木湯阿　劉姑

山嶺　烏爾琿噶哈　安巴噶哈　穆敦穆原作木

古黑嶺背山傍　汗察罕河原作汗處哈谷　錫伯河原作西伯谷　烏爾琿山原作五兒烘谷　阿密達原作阿米大谷　愛密達原作阿谷大牙爾過　以上入漫山　薩拉原作撒崙　伊勒們見上

烏蘭得佛　沾尼河原作哈占你　巴延原作白葉　以上採捕山

鑲白旗　劉姑山嶺　薩穆當阿原作撒木湯阿　張而都科八羅歡他　呼勒英額　康刪嶺原作剛山嶺

色珍達巴庫扎爾達庫河　烏林布占　三屯原作三通嶺　多布庫羅門　呼濟原作渾濟木敦　以上入漫山　額伊胡原作阿呼峯　薩拉原作撒崙　以上採捕山

鑲紅旗　嘉哈河原作加海　薩穆禪河原作撒木占河　伊
徹東五　扎穆畢罕扎木圖賴　伊穆遜原作鈕木舜
阿布達哩原作五什欣阿普大力　烏爾琿阿布達哩原作
五兒烘阿普大力　白母白力　薩哈連　安巴烏爾呼
納孟額　阿沙哈沃赫　額赫原作厄黑港　古黑
嶺南山傍　斡穆胡原作瓦里呼　汗處掀谷　倭赫
原作昂把烏黑　合哩原作昂把釋楞以上入漫山　勒富河原作勒扶渡口
伊巴丹原作一八單　伊蘭峯伊原作依　珠嚕原作朱綠峯
瑚珠原作呼朱　巴延見上以上採捕山
正藍旗　楝鄂原作東勝阿　嘉哈原作加哈嶺　瓦爾喀

什　扎爾呼河　金木新河原作吉年申　書谷　烏

爾琿噶哈　安巴噶哈　薩穆禪山原作木敦家年占

灣他哈　鈕旺堅谷　費葉棱烏原作非牙郎阿　阿什

哈温拉黑以上人蔓山　阿濟格雅哈原作阿濟革牙哈　穆

克原作木克峯　阿爾坦額墨勒原作阿木灘納麥爾齊　安巴

雅哈原作昂巴牙哈以上採捕山

鑲藍旗　扎穆畢拉罕　扎東阿　色欽　扎庫

穆　額呼峯原作厄一扶峯　都林林原作棱　温泉　扎爾

呼河　倭赫堡三村原作圍黑法三以上人蔓山　牙瀨港

伊通河原作一吞木克　博屯山原作波吞波吞　蘇斡延岡原作

酸焉岡以
上採捕山

吉林通志卷三十六

經制志一　禮儀上

祭社稷儀　直省府州縣各建

社稷皆

社右

稷左異位同

壇歲以春秋仲月上戊日致祭省會總督若巡撫一人主

之在城文武官咸與祭眡割牲省齍盛以道員等官

糾儀以教授訓導司香司帛司爵司祝司饌以丞倅

通贊引贊引班以學弟子員嫺禮儀者充之前期主

祭官暨陪祭執事官各於公廨致齋三日掃除

壇壝內外祭之前夕掌饌潔備品物置案於

神厨設香燭眂割牲官公服詣案前上香行三叩禮畢

宰人牽牲告腯遂割牲以豆取毛血瘞於坎及祭之

日雞初鳴執事人入設案一於

壇上正中北向陳鉶二實和羹簠二實稻粱簋二實黍稷籩

四實形鹽棗栗鹿脯豆四實菁菹鹿醢芹菹兔醢若

不能備各就土所有以其類充案前設俎陳羊一豕

一又前設香案一陳祝文香盤鑪鐙左設一案東向

陳篚一實帛二尊一爵六又設福胙於尊爵之次司

祝一人司香帛二人司爵二人位案西東面階下之東設洗當階爲主祭官拜位其後爲陪祭官拜位文東武西通贊二人位階下左右糾儀官二人分位陪祭官左右均東西面漏未盡主祭官及陪祭官朝服畢集

壇外引贊二人引省齋官入

壇眡牲器酒齊饌者告潔退左右引班二人引陪祭官入東西序立東班西面西班東面引贊二人引主祭官入至階下盥手通贊贊執事者各司其事贊就位引贊引主祭官引班引陪祭官咸就拜位立贊迎

神引主祭官升詣香案前跪司香跪奉香主祭官三上香興
贊復位引主祭官降階復位立贊跪叩興主祭官暨
陪祭官行三跪九叩禮贊初獻引主祭官升詣
神位前跪司帛跪奉篚主祭官受篚恭獻仍授司帛興奠於
案司爵跪奉爵主祭官受爵恭獻仍授司爵興分詣
社
稷位前各奠正中皆退贊讀祝引主祭官詣香案前跪陪祭
官皆跪司祝三叩興奉祝文跪於右讀曰維某年月
日某官某致祭於
社

稷之神曰惟
神奠安九土粒食萬邦分五色以表封圻育三農而蕃稼穡
恭承守士肅展明禋時屆仲春秋敬修祀典庶丸丸松
柏鞏磐石於無疆翼翼黍苗佐神倉於不匱尚
饗讀畢三叩興以祝文復於案退贊叩興主祭官暨陪
祭官三叩興贊復位引主祭官降階復位立贊亞獻
引主祭官升詣
神位前獻爵於左贊終獻爵於右均如初獻儀贊
賜福胙引主祭官升詣香案前跪司爵跪進福酒於右主祭
官受爵拱舉司爵接爵興司饌跪進豆肉於左主祭

官受豆拱舉司饌接豆興各退贊叩興主祭官三叩

興贊復位引主祭官復位立贊送

神贊跪叩興主祭官暨陪祭官行三跪九叩禮贊徹饌執事

官徹饌贊瘞祝帛執事官奉祝次香次帛次饌詣瘞

所禮畢各退

監司分駐各府者各主其地

社稷之祭其他府州縣皆以長官主之長官有故佐貳以

次攝在城文官丞史武官把總皆與祭眂割牲省齋

盛府州以佐貳縣以丞若史一人糾儀府以教授訓

導州以學正訓導縣以教諭訓導二人執事均用掾

史贊相禮儀均於學弟子員內選充祭期牲帛器數
及行禮儀節均與省會同通禮七
祭先農禮　府州各建
先農壇歲以仲春亥日致祭或用季春省會以總督若巡撫一
人主之陪祀文武官及各執事人均如祭
社稷之禮先二日主祭陪祭執事各官致齋公所掃除
壇上下祭日雞初鳴執事人入設
先農神案於
壇正中南向陳鉶一簠二簋二籩豆各四案前設俎陳羊
一豕一又前設香案一陳祝文香盤鑪鐙左設一案

東向陳帛一尊一爵三陳福酒胙肉於尊爵之次設
洗於階下之東贊明引班引陪祭官入引贊引主祭
官入通贊贊執事者各司其事贊就位引主祭官至
階下盥手就拜位立陪祭官按班就東西拜位立均
北面迎
神上香讀祝行三獻禮祝辭曰維某年月日某官某致祭
於
先農之神曰惟
神肇興稼穡立我烝民頌思文之德克配彼
天念率育之功陳常時夏茲當東作咸服先疇洪惟

九五之尊歲舉
三推之典恭膺守土敢忘勞民謹奉彝章聿修祀事惟願
五風十雨嘉祥恆沭
神庥庶幾九穗雙歧上瑞頻書大有倘
饗餘儀與祭
社稷同祭畢率屬行耕耤禮
府州縣歲祭
先農主祭官陪祭官暨各執事並同
社稷祭期牲帛器數行禮儀節與省會同九通禮
神祇祈穀儀　府州縣各建

神祇壇祀

雲雨風雷境內

山川

城隍之神歲春秋仲月諏吉致祭在城文武各官背與

致祭之禮設案一於

壇正中南向

雲雨風雷神位居中境內

山川神位左

城隍神位右案陳鉶一簠二簋二籩豆各四案前設俎

陳羊一豕一又前設香案一陳祝文香盤鑪鐙西設

一案陳帛七尊一爵二十有一福酒胙肉陳於尊俎之次祭祀儀節祀官及執事官序位並如

社稷壇儀祝辭曰維某年月日某官某致祭於

雲雨風雷

山川

城隍之神曰惟神贊襄天澤福佑蒼黎佐靈化以流形生成永賴乘氣機而鼓盪溫肅攸宜磅礴高深長保安貞之吉憑依鞏固實資捍禦之功幸民俗之殷盈仰

神明之庇護恭修歲祀正值良辰敬潔豆籩祗陳牲幣

尙
饗餘儀節與祭
社稷同
歲孟夏後諏吉雩祭陳設儀注同前若間不雨及潦
諏宜祀之辰具祝文隨時撰擬備牲牢籩豆香帛尊爵鑪
鐙守土大吏率屬素服虔禱爲民請命行禮儀節與
常祀同旣應而報陳設供具朝服行報祀禮儀節均
與祈祀同其各府州縣歲春秋諏吉致祭
神祇壇主祭官陪祭官暨各執事並同
社稷牲帛祝號陳設器數及行禮儀節與省會同雩若祈若

報並如省會之禮通禮十三

春秋致祭

長白山之禮　前期省牲視牲文武各官俱穿常服挂珠

祭日承祭執事各官均穿朝服地方官陳設登一鉶

二簠二簋二籩十豆十牛一羊一豕一爵三燭二鐙

十盞祭品由盛京禮部領到畢贊引官引承祭官至盥洗所盥

洗畢引至行禮處立典儀唱執事官各司其事贊引

官贊就位承祭官就位立典儀唱迎

神司香官捧香盒跪香鑪左贊引官引承祭官就鑪前立

贊上香承祭官上炷香鑪內又三上瓣香畢贊引官

贊復位承祭官復位立贊引官贊跪叩興承祭官陪
祀官行三跪九叩禮興典儀唱獻帛行初獻禮捧帛
官跪獻畢三叩頭退執爵官立獻爵於案上正中退
讀祝官至祝案前一跪三叩頭捧起祝文祝文讀祝官例由
盛京禮部來立贊引官贊跪承祭官及陪祀官讀祝官俱
跪贊讀祝文祝辭係滿文讀祝官讀畢捧祝文跪安案上
帛匣內三叩頭退贊引官贊叩興承祭官行三叩禮
興典儀唱行亞獻禮執爵官獻爵如初獻儀獻於案
左退典儀唱行終獻禮執爵官獻爵如亞獻儀獻於
案右退典儀唱送

神贊引官贊跪叩興承祭官陪祀官行三跪九叩禮興典
儀唱捧祝帛恭詣瘞位捧祝帛官至案前行一跪三
叩禮捧祝帛依次送至瘞所承祭官轉立西旁候祝
帛過仍復拜位立贊引官贊詣望瘞位承祭官至瘞
所望祝帛瘞畢贊引官贊禮成各退乾隆四十一年六月禮部咨
遣官致祭
松花江神之禮　儀節與祭
長白山同祝文曰維某年月日
皇帝遣某官書銜稱名不致祭於
松花江之神曰惟

神祥濬北流績宏東注導白山而迤演靈長鞏億萬斯年

會黑水以朝宗惠澤溥三千餘里朕肇興

遂宇虔秩明禋百泉遠媲幽源緬

初基於王迹四望永修殷禮期仰答夫

崇功益增方至之庥用達克誠之悃茲當春秋仲特薦嘉

馨

神其鑒焉尚

饗乾隆四十三年十二月禮部咨

致祭龍潭山之禮　祭品用豕六羊三至期將軍暨

文武各官俱穿馬褂行至

龍王廟前下馬先至
神樹前司香官上香畢將軍率領各官俱免冠跪聽祝
文辭曰本年春秋季致祭於
龍潭山曰惟
天垂恩雨澤時降暘時若凡軍民人等耕耔苗秀所耕皆穫茲將軍副都統帶
領各官員等謹備豬羊灌潔粢盛敬祭
上天謹
告祝畢將軍率屬行碰頭禮整冠至龍潭前司香官遞
香將軍拈香行一跪三叩禮焚化神馬畢次至
龍王廟司香官遞香將軍行二跪六叩禮畢次至菩薩

廟司香官遞香將軍拈香行三跪九叩禮畢各退官冊

祭

關帝禮 府州縣

關帝廟歲均以春秋仲月及五月旬有三日致祭於前殿主祭以地方正官一人後殿以丞史執事以禮生祭日昧爽廟祝潔掃殿宇內外具祝版備祭器陳

神位前牛一羊一豕一登一鉶二簠簋各二籩豆各十鑪一鐙二殿中設一案少西北向供祝版東設一案陳

禮神制帛一色白香盤一尊一爵三牲陳於俎帛實於篚尊實酒設洗於東階上承祭官拜位在殿內正中

司祝司香司帛司爵掌燎各以其職爲位如常儀質
明承祭官朝服詣廟贊引承祭官由廟左門入至階
下盥手畢贊就位引承祭官就位立贊迎
神詣上香位引承祭官就香案前立贊上香司香跪奉香
承祭官上炷香三上瓣香畢贊復位引承祭官復位
立贊跪叩興承祭官行三跪九叩禮興贊奠帛爵行
初獻禮司帛奉篚司爵奉爵各進至
神位前司帛跪奠篚於案三叩興司爵立獻爵於案正中
各退司祝詣祝案前跪三叩興奉祝版跪案左贊跪
承祭官跪贊讀祝司祝讀祝辭曰維某年月日某官

某致祭於

威顯護國保民精誠綏靖翊贊宣德關聖帝君之前曰惟

神星日英靈乾坤正氣允文允武紹聖學於千秋至大至

剛顯神威於六合仰聲靈之赫濯崇典禮於馨香茲

當仲春秋用昭時饗惟祈昭格克鑒精虔尚

饗讀畢興以祝版跪安於篚內叩如初興退贊叩興承

祭官行三叩禮興贊行亞獻禮司爵獻爵於左如初

獻儀贊行終獻禮司爵獻爵於右如亞獻儀贊徹饌

徹畢贊送

神贊跪叩興承祭官行三跪九叩禮興贊奉祝帛饌送燎

贊望燎引承祭官詣燎位眂燎禮畢承祭官及執事
官皆退同日祭後殿以有司一人主之
光昭王位中
裕昌王左
成忠王右均南向位各異案每案羊一豕一鉶二簠簋各
二籩豆各八鑪一鐙二殿中設案少西北向供祝版
東西各設一案分陳禮神制帛三白色香盤三爵九尊
三設洗於甬道東承祭官位殿檐下正中司祝司香
司帛司爵掌燎各以其職爲位如常儀質明承祭官
由前左門入盥手升階就位迎

神引至正位前上香畢以次詣左右位前上香復位行二
跪六叩禮初獻讀祝如儀祝辭曰維某年月日某官
某致祭於
關帝之
曾祖光昭王
祖裕昌王
父成忠王曰惟
王世澤覃庥令儀裕後靈鍾河嶽篤生神武之英誠溯淵
源宜切尊崇之報班爵超躬桓而上升香肅俎豆之
陳茲際仲春秋爰修祀事尚其昭鑒式此苾芬尚

饗凡儀節均與前殿同通禮十四
歲五月旬有三日致祭
關帝廟前殿神位前陳牛一羊一豕一果實五盤鑪鐙具
陳設及行禮儀節與春秋祭同祝辭曰惟
神九宇承庥兩儀合撰嵩生嶽降溯誕聖之靈辰日午天
中屆恢台之令序聰明正直壹者也千秋徵肸蠁之
隆盛德大業至矣哉六幕肅馨香之薦爰循懋典式
展明禋苾芬時陳精誠鑒格尚
饗同日並祭後殿以有司一人行禮每案羊一豕一果
實五盤司爵以執事生餘陳設及行禮儀節與春秋

祭同祝辭曰惟
王迪德承家累仁昌後嵩生嶽降識毓聖之有基木本水
源宜推恩之及遠封爵特超於五等馨香永薦於千
秋際仲夏之屆時命禮官而將事惟祈昭格鑒此精
虔尚
饗通禮十四
直省府州縣致祭
文昌之禮歲均以二月三日春秋仲月諏吉省會以守土
長官一人主祭具祝版備器陳設洗辨位行禮儀節
均與

關帝廟同二月三日祝辭曰維某年月日某官某致祭於
文昌帝君之前曰惟
神功參㝢籥撰合乾坤溯誕降之靈辰三台紀瑞度中和
之令節九宇承暉若日月之有光明闡大文於孝友
如天地無不覆載感至治於馨香爰舉上儀敬陳芳
薦精禋罔斁
神鑒式臨尚
饗春秋兩祭祝辭曰惟
神道闡苞符性敦孝友並行並育德侔天地以同流乃聖
乃神教炳日星而大顯仰鑒觀之有赫示明德之惟

馨茲當仲春秋用昭時享惟祈歆格克鑒精虔尚
饗同日祭後殿以地方正官一人主之正中奉
文昌帝君前代神位南向設案一陳羊一豕一鉶二簠簋
各二籩豆各八承祭官行二跪六叩禮初獻讀祝如
儀祝辭曰維某年月日某官某致祭於
文昌帝君先代之神曰惟
文昌帝君道備中和神超亭毒稟貽謀而允紹欽毓聖之
有基雲漢昭回際嶽降崧生之會馨香感格與水源
木本之思式肇明禋用光彝典尚祈
神鑒享此清芬尚

饗餘陳設器數及行禮儀節均與
關帝廟後殿同通禮十四並參官冊
昭忠祠　歲春秋仲月守土官祭本籍陣亡文武官
及兵丁等於昭忠祠文三品武二品以上於京師昭忠祠附祀外其本籍仍一體入祠致祭祭品用羊一豕一果實五盤帛一尊爵鑪鐙具
主祭官上香奠帛三獻行禮祝辭曰維某年月日某
官某致祭於昭忠祠位前曰矢忠報
國足以揭日月而常明懋典酬庸用以著旂常而不泯
惟
諸將帥或運籌帷幄盡瘁戎行或統率貔貅慘罹鋒

鏑凡以捐軀戰陣授命疆場者雖經
予謚而表彰抑且
推恩而錫類貞珉勒績史册增榮第緬砥柱之奠安倍溯
忠貞之靈爽茲當仲春秋用陳牲醴靈其不昧來格來
歆尙
饗通禮十四參官册
名臣忠節諸臣專祠　凡名臣忠節諸臣於直省建
立專祠者歲以春秋諏吉致祭至日所司備祝文具
牲牢品物守士官釆服詣祠行三獻禮儀與祭昭忠
祠同

多公祠祀荆州將軍多隆阿其祝辭曰維某年月
某官某致祭於
皇清賜謚忠勇太子太保原任荆州將軍多公之神位前
曰惟
公揚威奮武授命成仁建偉績於皖江屏藩永固普
仁風於庠序桑梓增榮鐘鼎銘勳馨香報德時當春秋
仲式布几筵尙
饗
伊公祠祀壯愍公伊興阿其祝辭曰維某年月日某
官某致祭於

皇清賜謚壯愍建威將軍伊公之神位前曰惟
公秉兩間之正氣爲一代之完人疆埸效命祇存報
國之心俎豆生光渥荷
酬庸之典今當仲春秋之吉謹羞沼沚之蘋䕩陳尊簋來格
明禋尙
饗
富公祠祀威勤公富明阿其祝辭曰維某年月日某
官某致祭於
威勤將軍富公之神位前曰惟
公轉戰南北崛起戎行消平巨寇績著威揚來撫吉

郡除暴安良甫經數載化浹四方振興學校首建文場士民戴德共頌甘棠溯其遺愛銘感不忘公詞顧懇祝以馨香茲當春秋祭特酹酒漿敬布几筵來格來

嘗尙

饗

金公祠祀忠介公金順其祝辭曰維某年月日某官

某致祭於

皇清賜謚忠介原任伊犁將軍金公之神位前曰惟

公望著邠岐勳齊韓范始率軍而奮威南省繼建節而奏捷西疆虎頭成定遠之名馬革矢伏波之志宣

威絕域金鼓方平盡瘁行轅玉關莫入
天子念公勳績迭沛
恩施以伊犂爲箕升之地經賜祭而表彰以吉林爲嶽降之區允建祠而受享某職司守土敢忘報功茲當仲
春秋敬修歲祀揭旂常於梓里擷蘋藻於松江庶俎豆煌煌壯一郡山河之氣馨香苾苾勵千秋臣子之心
尙
饗
穆公祠祀果勇將軍穆圖善其祝辭曰維某年月日
某官某致祭於

果勇將軍穆公之神位前曰惟
公績懋邊陲勳銘彝鼎蒞幽岐而建節昔曾感枯竹
之生靖海嶠而閲師繼共荷甘棠之蔭大星遽隕士
庶銜悲零雨安歸
天家念舊推
酬庸之令典昭講武之殊功茲當春秋仲祇率彝章庶煌煌
俎豆常留峴首之思苾苾馨香永慰壺頭之瘁尚
饗通禮十六參官册
祭厲　府州縣歲三月寒食節七月望日十月朔日
祭厲壇於城北郊前期守土官飭所司具香燭公服

詣
神祇壇以祭厲告本境
城隍之位上香跪三叩興退至日所司陳羊三豕三米
飯三石尊酒楮帛於祭所設燎鑪於壇南黎明禮生
奉請
城隍神位入壇設於正中香案一鑪鐙具贊禮生二人
引守土官公服詣
神位前贊跪守土官跪贊上香守土官三上香贊叩興
守土官三叩興退執事者焚楮帛守土官詣燎鑪前
祭酒三爵退禮生仍奉

城隍神位遷

神祇壇退十六通禮

品官家祭之禮　於居室之東立家廟一品至三品官廟五間中三間爲堂左右各一間隔以牆北爲夾室南爲房堂南檐三門房南檐各一門階五級庭東西廡各三間東藏遺衣物西藏祭器庭繚以垣南爲中門又南爲外門左右各設側門四品至七品官廟三間中爲堂左右爲夾室爲房階三級東西廡各一間餘制與三品以上同世爵公侯伯子眡一品男以下按品爲差等八九品廟三間中廣左右狹階一級堂及垣皆一門庭無

廡以篋分藏遺衣物祭器陳於東西房餘與七品以上同在籍進士舉人眂七品恩拔歲副貢生眂八品堂後楣北設四室奉高曾祖禰四世皆昭左穆右妣以適配南向高祖以上親盡則祧由昭祧者藏主於東夾室由穆祧者藏主於西夾室遷室祔廟均依昭穆之次東序西序爲祔位伯叔祖之成人無後者伯叔父之成人無後及其長殤十六歲至十九者兄弟成人無後及其長殤中殤十二歲至十五者妻先歿者子姪成人無後及其長殤中殤下殤九歲至十一者皆以版按行輩墨書男統於東女統於西東西向歲以春夏秋冬仲月擇吉致祭戒子弟讀祝

一人贊禮一人執爵每案二人分薦祔位東西各一人凡在廟所出子孫年及冠以上者皆會行禮右廟制祭

期先祭三日主人及在事者咸致齋前一日主人率子弟盛服入廟眡潔除拂拭畢執事者於各室前設几几前供案堂南總香案一鑪檠具祔位東西各設設一案設祝案於香案之西設尊爵案於東序設盥槃於東階上眡割牲一品至三品官羊一豕一四品至七品特豕八品以下豚肩不特殺眡滌祭器三品以上每案俎二鉶二敦二籩六豆六七品以上籩四豆四八品以下籩二豆二皆俎一鉶敦數同代以時用槃椀

者聽辨祭器之實俎實牲體鉶實羹敦實飯籩實時果餅餌魚腊獸腊之屬豆實炙胾時蔬之屬右致齋具牲饌届日五鼓主人朝服與祭執事者盛服入廟主人竢於東階下族姓竢庭東西以昭穆世次爲序執事者陳鑪鐙於供案南陳尊爵於東序案代以壺琖者聽陳祭文於祝案實水於盥盤加巾主婦率諸婦盛服入詣爨所眂烹飪羹定入於東房治籩豆之實陳鉶敦匕箸醯醬以竢質明子弟之長者盥詣各室前跪一叩興啓室奉主以次設於几昭位考右妣左穆位考左妣右分薦者設東西祔位畢贊禮立堂東檐下西面諸執

事分立東西序端相向贊就位主人升自東階詣
中檐拜位立族姓行尊者立於東西階上卑者立於
階下皆重行北面贊參神主人入堂左門詣香案前
跪執事二人司爵者充一奉香盤一挹尊酌酒詣主人左
右跪左進香主人三上香右進爵主人酹酒於地以
爵奠於案興退出右門復拜位及族姓行一跪三叩
禮贊初獻主婦率諸婦出於房薦匕箸醯醬於几前
案北跪一叩興徧及祔位退入於房庖人解牲體實
於俎執事者奉以升各薦於供案主人詣高祖案前
執爵者奉爵主人獻爵奠於正中跪叩興以次詣曾

祖祖禰案前獻爵如前儀分薦者徧獻祔位酒訖退
立於拜位贊讀祭文主人跪族姓皆跪祝詣祝案之
左跪讀祭文曰維某年月日孝孫某謹告於某考某
官府君某妣某氏之靈曰氣序流易時維仲春夏秋冬追
感歲時不勝永慕謹以潔牲庶品粢盛醴齊敬薦歲
事以某親某氏等祔食尚饗讀訖興以祭文復於案
退主人以下一叩興贊亞獻庖人納羹飯於東房主
婦率諸婦和羹實於鉶實飯於敦出薦於案及腊肉
炙胾徧跪叩興退如初禮主人獻爵於各位之左贊
三獻主婦率諸婦出於房薦餅餌果蔬叩退主人獻

爵於各位之右分薦者徧獻祔位酒均如初獻儀贊
受嘏祝取高祖供案酒饌降至香案旁主人詣香案
前跪祝代祖考致嘏於主人主人啐酒嘗食反器於
祝接以興主人一叩興復位贊送神主人以下一跪
三叩贊望燎祝取祭文由中門出送燎主人退避東
階下行輩長者咸降階主人詣燎位眡燎畢與祭者
出主人率子弟納神主上香行禮徹祭器傳於燕器
潔滌謹藏之闔門各退儀右祭日中酒餕三品以上時
祭徧舉四品至七品春秋二舉八品九品春一舉庖
人熟酒饌僕人布餕席於堂東西北上陳醯醬於席

四隅琖楪匙箸之屬皆辦與祭者尊卑咸在從曾祖諸父居東第一席從祖諸父居西第一席諸父次東一席諸昆弟次西一席諸子諸孫在東西之末各一席序定主人肅尊者入席從曾祖諸父即席從祖諸父東向尊者肅揖就位諸父東向揖西向揖就位諸昆弟揖如之復揖諸父就位諸子揖如諸父復揖諸昆弟諸孫揖如諸子復揖諸子皆就位主人離席僕執壺實酒從主人酌諸尊長酒每酌一人肅揖尊長答揖徧就位子弟之長者離席僕人執壺從敬酌主人諸子弟咸避席揖主人答揖復位主人命諸子弟

徧酌酒席中少者舉壺各酌於其長者旣徧皆坐主人興舉酒請於尊長坐尊長適嘗酒卒爵衆嘗酒卒爵僕人進食主人興請於尊長坐尊長舉箸嘗食適皆食每進食子弟閒行酒三巡長幼獻酬交錯飲無算爵湯飯畢長者起主人請留長者告飽遂離席諸子弟咸隨離席以次出主人送長者於門外入命徹席餕庖人僕人皆退右餕凡恭遇

覃恩告廟行焚黃告祭之禮

制書至主人以黃紙恭謄一通奉於廳事正中諏吉日擇同姓或戚屬已仕者一人宣

制戒子弟引贊二人通贊二人徧戒族姓屆期會行禮前

一日齋戒備告文祝文牲饌眂新贈之爵爲等至日

夙興灑掃堂宇供張設饌案以追贈所及世數爲準香案施架

如儀設改題神主案於堂東西向使人宿宣

制者主人朝服率子弟盛服入廟諸與祭者皆會主人詣

贈主室前啓室焚香跪子弟一人奉告文跪於主人

之左讀告文辭曰維某年月日孝子某或稱孝孫隨宜謹告

於某考某官某府君某妣某封某氏之靈曰某幸得

列於位恭逢

恩命

贈及先人敬請神主祗受
制書改題奉祀謹告讀訖興主人叩興奉考主子弟奉妣
　主族姓出廟門竢於道□左宣
制者奉
制書前引二人導行至廟衆跪接
制書入中門升中階南向立衆皆隨入至階下序立主人
　奉考主在東子弟奉妣主在西族姓重行立其後皆
　北面通贊分立東西柱前贊宣
制主人以下皆跪聽宣
制畢奉主行三跪九叩禮衆隨行禮宣

制官以
制書供香案架上主人奉主置改題案上揖勞宣
制者宣
制者答揖復揖辭降自西階主人從自廟大門外揖送入
改題神主爵位訖奉主復位序立參神讀祝三獻酒
如時祭之儀祝辭曰維某年月日孝子某謹告於顯
考某府君顯妣某氏之靈曰某恭承庭訓列位於朝
仰荷
皇仁推恩所生贈考爲某銜妣爲某銜感念先澤祿弗逮
養茲以焚黄謹備牲醴用伸薦告尚饗祭畢焚黄並

祝文奉主復於室闔室出主人以下皆退頒胙於宣
制者餕族姓如儀右焚黃告祭　歲逢令節薦新物一二三品官
每案時果四庶羞四羹飯具四品至七品官每案時
果二庶羞四八品九品官每案時果庶羞各二餘同
是日夙興主婦潔辦果饌主人盛服率族姓子弟入
廟然鐙灑掃設案室前訖盥洗啟室子弟分陳匙箸
壺琖之屬於案北主人序立於香案前族姓以次序
列於主人之後主人跪焚香訖叩興子弟奉果饈從
主人詣高祖考妣位前薦果薦羞畢子弟舉壺取琖
酌酒進於主人主人奠酒訖子弟復奉羹飯從主人

薦羹飯訖以次詣各案薦奠如前儀退至香案前率族姓子弟一跪三叩興子弟徹饌主人闔室皆退右時節薦新

月朔望日主人豫備茶食之屬每案二器主人夙興盥洗盛服率族姓子弟入廟灑掃潔神案啓室序位於香案前主人跪焚香訖叩興子弟奉食及茶從主人詣各神案前以次供食供茶畢退復位率族姓子弟行禮如時薦之儀徹主人闔室皆退右朔望獻茶

通禮十七

庶士貢監生員有頂戴者家祭之禮多於寢堂之北爲龕以版别爲四室奉高曾祖禰皆以妣配位如前儀南向前

設香案總一服親男女成人無後者按輩行書紙位
祔食男東女西相向事至則陳已事焚之不立版歲
以春夏秋冬節日出主而薦餅餌二槃肉食果蔬之
屬四器羹二飯二前期主人及與祭者咸致齋薦之
前夕主婦盛服治饌於房中厥明夙興主人吉服率
子弟設香案於南然燭置祭文堂北設供案二昭東
穆西均以妣配位均南向設祔案於兩序下各一男
東女西東西向主人以下盥奉木主設於案設祔位
於兩序案訖主人階東下立衆各依行輩東西序立
主人詣香案前上香畢率在位者一跪三叩興主婦

率諸婦出房中薦匕箸醯醬跪叩如儀退子弟奉壺主人詣神案以次斟酒薦熟訖皆就案南跪叩興子弟薦祔位畢主人跪在位者皆跪祝進至香案之右讀祭文辭見品官祭禮減潔牲二字餘同訖興退主人以下叩興再獻主婦薦飯羹三獻主婦薦餅餌時蔬主人斟酒跪叩均如初儀畢主人率族姓一跪三叩興祝取祭文及祔食紙位焚於庭眾出主人納木主徹退日中而餕春一舉布席於堂東西北上陳倚琖匙箸如其人數傳祭食於燕器熟酒饌族姓至主人肅入序位以行輩年齒爲等旅揖卽席進酒饌酬酢如禮湯飯畢

長者離席告退主人送於門外諸弟子皆隨以出徹僕人餕餘食皆盡月朔望日主人及家衆夙興盥洗啓寢室然燭詣香案前依行輩序立主人上香訖子弟奉茶主人獻茶復位率衆一跪三叩興徹茶闔室衆退若家有吉事主人盥洗啓室然燭焚香以其事告行禮如朔望儀同上

庶人家祭之禮　於正寢之北爲龕奉高曾祖禰神位歲逢節序薦果蔬新物每案不過四器羹飯具其日夙興主婦治饌主人率子弟設案然鐙啓室奉神主於案上以昭穆序主人立於香案前家衆序立於

主人下以行輩爲先後主人上香一跪三叩興主婦陳匕箸醯醬薦羹飯果羞跪叩如儀主人酌酒進於各位前凡三次皆跪一叩興畢主人率衆一跪三叩興納主於室徹退日中衆餕神食歲一舉論行輩先後同行序齒列坐酒行飯已肅揖以退月朔望日供茶然香鐙行禮告事亦如之均與庶士儀同同上

元旦

萬壽

長至三大節朝賀禮　省會守土官豫於公所正中恭設

皇帝萬歲龍牌於亭南向設香案於亭之南其日五鼓有司設燎於庭設鐙於門廡以道員或府同知一人糾儀學弟子員二人通贊二人引班階下東西班位將軍爲一班副都統提督學政爲二班協領參領各道爲三班佐領知府爲四班防禦主事同知通判爲五班驍騎校知州知縣教官爲六班筆帖式經歷州同州判縣丞由科目出身者列第六班教官之次等官爲七班遇有欽差人員一品大臣列第一班之首三品以下京堂列第二班之首五品以下部院官均列第二班之末滿洲蒙古漢軍分左右翼漢官文東武西立位東西面北上拜位北面東班西上西班東上重行異等糾儀

官位班行之北通贊引班位糾儀官之南皆東西面夜漏未盡朝服畢會質明引班引入至丹墀內東西序立通贊贊齊班引班分引至拜位前立贊進少進贊跪叩興羣官行三跪九叩禮畢引退若府不附省州縣不附府者在城文武官於公所按班行禮均如省會儀府用同知或通判如無同知通判用教官一人州縣均用教官一人糾儀　通禮十八

迎

詔

詔下直省之禮禮部按直省督撫駐紮之地行取閣部院寺筆帖式乘傳齎詔前往頒布工部給龍旗織仗前

導所經府州縣五里之內文武官朝服跪迎軍民伏
道右候過省會有司豫於公廨設屏南向屏前設
詔案又前設香案案東設臺階下爲文武官拜位文東武
西重行異等如朝賀儀詳見三大節紳士班於文官之末
耆老軍民集於武官之末皆北面宣詔官一人展詔
官二人立臺下西面通贊者立香案左右引禮生立
百官班位左右皆東西面
詔及郊守土官備龍亭旗仗出迎使者承
詔書以槩奉龍亭內乘馬後隨鼓樂前導同城文武大僚
率所屬文武官朝服出迎道右跪候過輿先至公廨

門外序立紳士耆老軍民畢會
詔至門跪迎如初禮使者下馬從龍亭入衆隨入使者奉
詔書陳於案退立案東西面引禮生引羣官就位北面立
通贊贊跪叩興衆行三跪九叩禮贊宣
詔使者奉
詔授宣詔官復位立宣詔官跪接登臺展詔官二人從升
均西面展
詔書宣讀訖復於案皆降衆聽贊復行三跪九叩禮如初
退使者以
詔授督撫恭鐫謄黄頒學政鹽政織造督關郎中員外郎

兩司道府轉頒所屬州縣衞將軍提鎭協參轉頒所屬營汛至日宣布軍民均與省會儀同通禮三十
受朔　歲屆頒朔之日將軍率在城文武官受朔是日首縣於督撫署内向
闕列屏設案布政使以所刋時憲書設於龍亭鼓吹前導舁詣公署恭陳於案質明文武官朝服畢會通贊贊齊班引禮二人引各官文東武西重行異等以昂爲序咸就拜位北面立如朝賀儀贊跪叩興衆行三跪九叩禮興以次祗受時憲書畢各退分發專城之道轉行所屬州縣到日行禮祗領與省會同堂遂頒

布於民間十一

迎春之禮　先立春日各府州縣於東郊造芒神土牛立春在十二月望後芒神執策當牛肩在正月朔後當牛腹在正月望後當牛膝示民農事早晚届立春日吏設案於芒神春牛前陳香燭果酒之屬案前布拜席通贊執事者於席左右立府州縣正官率在城文官丞史以下朝服畢詣東郊立春時至通贊贊行禮正官一人在前餘以序列行就拜位贊跪叩興衆行一跪三叩禮執事者舉壺爵跪於正官之左正官受爵酌酒酹酒三授爵於執事者復行三叩禮衆

隨行禮興迺昇芒神土牛鼓樂前導各官後從迎入
城置於公所各官執采仗環立樂工擊鼓擊土牛三
迺各退同上
耕耤　府州縣各於東郊
先農壇側擇沃壤爲耤田歲仲春吉亥或用季春有事
先農之日通禮將軍舉行耕耤之禮雍正五年覆准會典事例二百五十是
日首縣知縣眂土宜備穀種青箱朱鞭耒服耜黝牛
及他農器耕器豫陳耕所耆老率農夫披簑戴笠族
於田間通贊學弟子員分立田首又向
闕張畫屏設香案一南向通贊立香案之南引班教諭

訓導立通贊之南皆東西面致祭
先農禮畢見前祭先農壇各官易蟒袍詣耤田通贊贊行耕耤
禮就耕所執事者授耒耜與鞭皆右秉耒左執鞭進
耕以府佐貳官一人執種箱一人播種道以州縣佐
貳官執箱播種知府知縣以丞史執箱播種皆耆老
一人牽牛農夫二人扶犁各九推九返畢釋鞭耒以
次序立田首西面北上農夫遂終畝告畢事各補服
望
闕立通贊贊齊班引班分引至香案前按班序立重行
北面耆老農夫稍遠列行北面隨立贊跪叩興行三

跪九叩禮興各退若府不附省州縣衛不附府者正官率佐貳丞史耕耤各以耆老二人執箱播種餘儀與省會同會典事例雍正五年議准直省各擇東郊官地潔淨豐腴者立爲耤田如無官地動支帑銀置買民田以四畝九分爲耤田至各省耕耤日期每歲十一月頒時憲書後交欽天監擇日由部奏請欽定通行同日舉行永著爲令通禮三十二

鄉飲酒禮　歲孟春望日孟冬朔日舉鄉飲酒之禮以守牧令爲主人省會及監司分駐之地皆以監司眂其禮以鄉之年高六十以上有德行者一人爲賓其次一人爲介又其次爲衆賓以教官一人爲司正學弟子習禮者二人司爵二人贊禮二人引禮一人

讀律令僚佐皆與前期戒賓賓禮辭許戒介亦如之右戒賓介先一日司正率執事者詣講堂肆儀設監禮席次於庭東北向布賓席於堂西北南向主人席於東南西向介席於西南東向衆賓之長三人席於賓西南向東上皆專席不屬衆賓席於西序東向僚佐席於東序西向皆北上司正席於主人之東北向如有鄉大夫來觀禮者坐於東北一品席南向二三品席西向無則闕之不立一饌二饌三饌之名設律令案一於主介間正中東西肆又設尊案一於東序端南北肆設樂縣於西階下如儀右陳設布席屆日質明執事者入具饌設尊於案實酒於尊加冪勺觶爵在尊

北讀律者奉律令陳於中案既辨監禮者朝服詣學
官就次監禮主人率司正及僚屬咸朝服入廼使人
速賓介主人立東階下西面僚佐序立於主人之後
西面北上司正讀律令者立僚佐之南北面西上贊
禮者一人立東階下又一人立庠門之外均西面屆
時賓介盛服至序立於庠門外之右介居賓南衆賓
居介南皆東面北上執事者以賓至告於主人主人
出迎賓西面揖賓介以下東面答揖主人入門左賓
揖介介揖衆賓以次入門右當階主人揖及階揖賓
皆答揖主人與賓讓升三讓賓三辭主人升賓廼升

主人東階上賓西階上贊者贊拜主人西面再拜賓東面答拜興卽席主人降階延介一讓升介升拜如賓禮就位主人迺延衆賓衆賓以次皆升主人揖賓長皆答揖衆賓卽席主人率僚佐以下咸卽席賓介右迎

贊禮者贊揚觶執事者引司正由東階升詣堂中北面立賓介皆起立贊揖司正揖賓介以下答揖司爵詣酒尊所舉冪酌酒於觶進授司正司正揚觶而語

曰恭維

朝廷率由舊章敦崇禮教舉行鄉飲非爲飲食凡我長幼各相勸勉爲臣盡忠爲子盡孝長幼有序兄友弟

恭內睦宗族外和鄉黨無或廢墜以忝所生讀畢贊
者贊司正飲酒司正立飲畢以觶授執事者反於案
贊揖司正揖賓介以下皆揖司正復位賓介以下皆
坐右揚觶贊讀律令執事者舉律令案於堂中引禮引
讀律令者就案前北面立賓介主人以下聽贊咸起
立旅揖如司正揚觶禮適讀律令曰律令凡鄉飲酒
序長幼論賢良高年有德者居上其次序齒列坐有
過犯者不得干與違者罪以違制失儀則揚觶者以
禮責之讀畢復位賓主以下皆坐右讀律令贊者贊供饌
執事者舉饌案於賓前次介次主人眾賓以下徧舉

訖贊獻賓主人起離席北面立司爵詣酒尊所酌酒實爵授主人主人授爵詣賓席奠於案稍退賓避席立於主人之左贊拜主人再拜賓答拜皆復位立贊賓酢主人賓離席司爵酌酒授賓賓受爵介從詣主人席前拜送爵主人答拜如前儀復位主人起獻介介酢主人如前儀皆坐執事者徧獻三賓衆賓爵訖

右獻賓賓酢主人

酒數行工升歌周詩鹿鳴三章卒歌笙奏

御製補南陔詩其辭曰我逝南陔言陟其岵昔我行役瞻望有父欲養無由風木何補我逝南陔言陟其屺今我行役瞻望有母母也倚閭歸則甯止南陔有筍籊實勺之

孱孱孩提孰噢咻之愼爾温凊潔爾旨肴今爾不養日月其愴

御製補白華詩其辭曰有白者華不污纖塵洛爾士兮宜修其身不修其身廼貽羞於二人有白者華宛茲靜好洛爾女兮宜修婦道不修婦道廼貽羞於二老白華匪玉涅而不緇白華匪蘭芬廼勝之我擷白華載詠載思白華匪玉質玉之令白華匪蘭臭蘭之淨我擷白華載思載詠

御製補華黍詩其辭曰瞻彼阪田厥黍始華胝足胼手嗟嗟我農夫瞻彼阪田黍華以秀胼手胝足惟勤斯殖茂華

有不秀矣秀有不實矣其雨其雨矣杲杲日出矣惄予
愁之恤矣間歌周詩魚麗南有嘉魚南山有臺三章笙
奏
御製補由庚詩其辭曰王庚便便東西朔南六符調燮八風
節宣王庚容容朔南西東維敬與勤百王道同王庚廓
廓東西南朔先憂而憂後樂而樂王庚恢恢南朔東西
皇極孰建惟德之依
御製補崇邱詩其辭曰澗松童童蛙黽鄰兮邱草萋萋蕩青
雲兮凡百君子愼迺託身兮澗松童童澗則卑兮邱草
萋萋邱則崎兮凡百君子審迺所依兮有崇者邱物無

不遂有卓者道愚無不智資生育德永植毋替

御製補由儀詩其辭曰在上曰天在上曰地君君臣臣父父子子在下曰地在上曰天父父子子君君臣臣由其儀矣物其熙矣儀其由矣物其休矣迺合樂歌周南詩關雎三章召南鵲巢三章卒歌工告備出執事者行酒主賓以下飲無算爵右樂賓贊禮贊徹饌眾起離席主人卒僚屬在東西上賓介在西東上皆北面贊拜主人再拜賓介以下皆再拜賓降西階出介及眾賓從立庠門外之右東面北上主人降東階出僚屬從送賓於庠門外之左西面旅揖賓介退禮卒無愆監禮

者出主人率僚屬送於庠門外皆退右徹饌賓出通禮三十八

宣講

聖諭之禮　直省府州縣鄉堡均擇適中地爲鄉約所選老成公正一人爲約正樸實謹守者三四人値月按期

集所部民宣講

世祖章皇帝欽定六諭

聖祖仁皇帝聖諭十六條

世宗憲皇帝聖諭廣訓擇律文内民俗易犯者咸宣示之守士官實力董率並飭縣令教職隨時巡行宣導通禮三十八

日月食救護禮　直省府州縣衞遇日月食各按欽天監推定時刻分秒隨地救護省會於督撫署府州縣衞各於公署均以正官一人領班行禮正貳教職二人糾儀學弟子員二人通贊二人引班陰陽官一人報時至日班首官上香伐鼓衆官祗跪案初虧復圓行三跪九叩禮如儀

吉林通志卷三十七

經制志二　禮儀下

文職見長官禮　司道以下官見將軍與見總督儀同

初見具銜名履歷公服詣署司道見督撫至大門外降輿入及儀門由左門入督撫迎於外堂後屏內督撫先行司道隨入及廳事司道當楣北面稟參督撫辭迺三揖督撫西面答揖督撫正坐司道東旁侍坐旅見則以次東西面命坐揖茶至揖凡司道揖督撫均答揖辭出三揖如初督撫送至屏門外司道三揖竢督撫入門復三揖趨出至大門外乘輿督撫次日用名柬答拜若公事謁見常服通銜名三揖就坐餘如前儀知府見督撫督撫不迎送不答拜餘如司道見儀同知通判見督撫轅門外下輿馬餘與知府見同州縣見督撫轅門外下輿馬升堂北面再拜興三揖辭退三揖督撫皆立受餘如府倅見儀

司道以下官見副都統與見總兵官儀同　司道等官見總兵官

行賓主禮賓至署從者通名門吏啟門儀衛止儀門
外賓由中門入至外堂檐下下輿馬主人迎於檐下
揖賓入每門讓於賓及廳事再拜興主人爲賓正
坐西面賓禮辭主人固請卒正坐賓爲主人正坐東
面亦如之主人揖賓就位坐執事者進茶主賓各揖
飲茶敘語畢賓避席揖辭退主人答揖賓出主人送
至外堂檐下眡乘輿馬遁退　知府同知通判見總
兵官外二門外下輿馬迎送至階上餘儀及總兵官答
拜均如司道見提督儀　司道見提督於儀門下輿
迎送於堂檐下提督正坐　司道僉坐提督答拜於儀
門下馬迎送於儀門外　州縣見總兵官大門外下
輿馬由中門入迎送至檐下總兵官正坐州縣侍坐
入九品以下佐雜官見　府廳州縣見子爵如總
總兵官行一跪三叩禮
兵官儀男爵如副將儀輕車都尉參領如參將儀騎
都尉副參領如都司儀雲騎尉並五品官如守備儀
協領參領見督撫與司道同　佐領防禦等官見

督撫與知府同驍騎校見督撫與知縣同餘不相統

屬者均行賓主禮

知府同知通判見司道司迎送於屏門外道迎送於

堂檐下坐次知府等東位西面司道位於西南東北

面餘如見督撫儀司道用名東答拜州縣見司道行

庭參禮司道不迎送餘如知府見儀州縣見知府迎

送於屏門外餘如見司道儀見同知通判迎送於堂

檐下餘儀同直隸州知州見長官及接屬官儀與知

府同直隸州州同州判見長官及接屬官儀與州縣

同教職見督撫司道知府等官均如知縣見儀首領

佐雜官見督撫司道知府行一跪三叩禮不揖不坐
府首領縣佐貳等官見同知通判如州縣見司道儀
雜職官見同知通判如見知府儀見知縣如州縣見
知府儀同知通判見知府名柬用晚生由中門入行
賓主禮州縣佐貳見州縣如之教職見州縣名柬用
晚生由中門入行賓主禮惟照磨知事見府廳名柬
用晚生由左門入皆行賓主禮
長官新蒞任司道遣役迎於境內府州縣官於所治
十里內躬迎十里以外不出迎司道以下官蒞任屬
官準此

司道見學政具銜名柬儀門外下輿由中門入學政迎於堂檐下司道三揖學政讓入後堂行賓主禮待茶辭出三揖學政送至堂檐下三揖由中門步出學政用名柬答拜凡司道揖學政皆答揖知府直隸州知州同知通判見學政不稟參送至堂後屏外餘與見督撫同州縣見學政初見庭參常見三揖學政咸避席答揖送至堂後屏內教職見學政初見再拜常見三揖學政立受餘與州縣同首領佐貳雜職官見學政與見督撫同

儒學弟子員見學師之禮　與國子生見國學師儀

同初見具名東公服詣學國學首領官引自東階升堂北面三揖師立受侍立於左西面受教畢三揖退若燕見通名竢召迺入師迎於階上弟子升階揖師入門從入北面再拜師西面答揖趨正師坐師命坐北面揖師位於西南東北面弟子西面旅見則以次東西位坐北

上茶至揖請問揖辭退北面三揖師皆答揖師出送前行弟子從及二門外弟子三揖竢師入迺退學政按臨次日釋奠學宮講學於明倫堂提調等官謁見如儀教職引學弟子員進見各三揖退立學弟子員出班講書竢行賞罰畢各退同上

受業弟子見師長之禮　初見師未出先入設席正位竢於堂下師出召見乃奉贄入奠贄於席北面再拜師起答揖興謹問起居命之坐迺侍坐有問則起而對辭出三揖師不送常見侍坐請業則起請益則起師有教立聽命坐迺坐師問更端仍起而對朝入一揖暮出一揖與同學弟子均以齒序同上

士人敵體相見之禮　賓及門從者通名主人出迎於大門外揖入及門及階揖如初登堂主賓均北面再拜興主人趨正賓坐賓禮辭主人卒正坐左還賓正主人坐亦如之卽席賓東位西面主人西位東面

飲茶敘語畢賓退揖及階及門揖辭主人均答揖迴送賓於大門外揖如初若見父之執友與見尊長儀同同上

卑幼見有服尊親之禮　及門從者通名族外次尊長召入見升階北面再拜尊長西面答揖命坐眂尊長坐次侍坐於側茶至揖敘語畢稟辭三揖凡揖尊長皆答出尊長不送若尊長來見卑幼迎送於大門外行禮坐次如前儀同上

民公以下昏禮　將及冠擇朝臣女年齒相當者先以媒妁通言二姓遂諏吉行納幣禮民公用金項飾

一珥二釵三繒衣四襲繒衾褥三具侯伯與公同一
品官繒衣三襲餘與伯同二品官繒衣二襲繒衾褥
二具餘與一品官同三品官釵二餘與二品官同四
品官繒衣一襲繒衾褥一具無釵項飾一珥二能具
者備用五品至九品並同屆吉主人吉服命子弟爲
使從者齎禮物如女氏至門女氏主人吉服迎入從
者陳禮物於廳事賓致命主人祗受告於廟迺醴賓
賓退主人送於門使者還復命是日具燕民公用牲
九侯八伯七一品官六二品官四三品官三四品至
九品官均用二昏期前一日女氏以奩具往陳婿家

至日婿家具合巹燕於室婿吉服以族迺設儀衞各眡其品子未受職父爲納婦者禮眡其父鼓樂不得過十二人鐙不得過十二以婦輿如女氏女氏主人告於廟筓而命之醴女以族迎者至姆奉女升輿至門女侍導婦入室交拜訖行合巹禮是日設燕民公席二十侯十有八伯十有七一品官十有五二品官十有三三品官八四品官六五品官五六品至九品官具燕俱用牲三越三日主人主婦率新婦見於廟分不得立廟者見祖禰於寢如常告儀通禮二十五

士昏禮八品以下官同 納采諏吉具書媒氏告於女家主

人以子弟一人爲使者奉書如女氏女氏主人出迎賓揖讓入門升堂賓東面致辭奉書主人西面受書再拜賓避拜請退竢命主人使子弟待賓以書入告於寢如儀具復書出授賓賓受書主人布席禮賓畢賓揖辭主人送之如初使者還復命主人拜受書禮使者行家人禮諏日納幣具書備禮物章服一稱八品以下官如其品士眡九品幣表裏各四兩容飾合四事食品六器媒氏告於女家主人遣使奉書物行禮女家受禮告寢復書禮賓賓復主人均如納采昏有日主人備鵞酒書昏期於東使媒氏奉如女家告女氏主人報東

授媒氏復昏前一日女家使人以奩具張陳婿室至
日婿家筵於室中位東西面别以案陳合巹器設醮
爵於堂東初昏婿攝公服竢於堂下婿馬一乘二燭
前馬婦輿一乘襜蓋前飾采絹二竢於門外主人盛
服醮子於堂東命之迎婿出乘馬如女家雁及婦輿
從其日女氏主人告於寢如儀畢主人位內堂東主
婦位內堂西父醮女如婿儀婿至女家門外主人出
迎婿執雁從入主人東階上西面婿西階上北面奠
雁再拜主人不答拜姆加女景蓋首婿揖之降主人
不降送姆導女升輿女家亦以二燭前輿婿乘馬先

族於門婦至降輿婿導婦入室踰閾媵布婿席於東
御布婿席於西婿婦交拜訖姆脫婦景婿揖婦即席
婿東婦西坐行合卺禮厥明婦夙興族見舅位堂東
姑位堂西皆南向婦以贄見於舅姑再拜舅姑受贄
婦具酒饌行盥饋禮舅姑就位婦奉饌舅姑卒食一
酳婦再拜送酒舅姑卒飲共饗婦於阼階及饗婦送
者均與前同三日婦見祖禰於寢陳設如薦儀主人
在東昏者從主婦在西婦從再拜主人升詣香案前
上香奠酒告畢俯伏興退立於東婦進當門中再拜
興復位主人復位及主婦以下皆再拜興禮畢退諏

日婿以贄見婦之父母迎入奠贄再拜主人答拜見主婦婿拜於寢門外主婦答拜於門內出主人醴婿皆如儀

通禮二　十六

庶人昏禮　納采諏日書昏者生年月日以授媒氏奉如女家女氏主人受書告於寢書女爲誰氏出及生年月日授媒氏道遠具饌近則否媒氏復命主人禮之納幣備禮物服一稱用帛無章紬絹四兩容飾四事食品四器媒氏奉如女家女氏主人受之饗媒氏復命如納采禮昏有期備鵞書昏期於柬使媒氏奉如女家告女氏主人許使媒氏復昏前一日女家

使人以奩具陳於婿室至日婿家筵於室中東西爲
位別以案陳合巹器設醮爵於廳事東序初昏婿盛
服族於階下婿馬一乘二燭前馬婦輿一乘襜蓋無
飾鐙鼓樂人均不得過八族於門外主人盛服至廳
事東位西面婿升主人醮之命之迎婿再拜出乘馬
如女家雁及婦輿從其日女家告於寢醮女以族婿
既至主人出迎於門外導入婿執雁從入升堂主人
東階上婿西階上北面奠雁再拜姆加女景蓋首出
婿揖之降婦從降姆以女登輿二燭前輿婿乘先族
於門婦至降輿婿揖入室踰閾布席婿婦交拜訖姆

脫婦景婿揖婦就位坐婿東婦西行合巹禮婦夙興盛服以贄見舅姑於堂拜獻如禮饋酒食於舅姑饗婦及婦送者三日婦見祖禰於寢如常薦禮諏日婿往見婦之父母婦父設酒食禮婿如儀同上

官員喪禮　有疾居正寢女居內寢疾革遺摺三品以上官得具遺摺遺言皆書之既終子號哭擗踊去冠被髮徒跣諸婦女子去笄期功以下丈夫素冠婦人去首飾皆易素服男哭牀東女哭牀西巽向作魂帛結白結爲之爲位於尸東前設案奠閣餘生前食飲所餘脯醢酒果用吉器立喪主以適長子無則長孫承重主婦以亡者之妻無妻及母之喪則以喪主之妻當之護

喪司賓司書贊祝諸執事人治棺民公采棺朱髮飾金花侯伯一品官以下朱棺及凡喪具護喪者使人上遺揭訃於有司及親屬僚友右初終越日小殮侍者於寢室施幃設浴牀於尸牀前牀東置案陳沐浴巾櫛含具三品以上含用小珠玉五七品以上用金玉屑五襲牀在浴牀西襲事陳其旁常服一稱朝衣冠帶各以其等侍者遷尸浴牀南首諸子哭踊婦人出女喪則男出迺去尸衣覆以殮衾侍者奉湯入哭止沐髮櫛之晞以巾束之抗衾而浴拭以巾訖結襲衣縱置於牀南領舉尸易牀徹沐牀浴具埋巾櫛及餘水於屏處迺去衾襲常服朝

服加面巾喪主以下爲位而哭喪主及諸子坐於牀東奠北同姓丈夫以服爲序坐諸子後西面主婦及諸婦女子坐於牀西同姓婦女以服爲序坐諸婦後婢妾又在其後東面均南上尊行丈夫坐東北壁下西上尊行婦女坐西北壁下東上異姓丈夫坐於幃外之東西上異姓婦女坐於幃外之西東上若內喪則同姓丈夫皆坐幃外之東異姓丈夫皆坐幃外之西執事者執含具前喪主起盥親含尸訖哭復位右襲

是日執事者帷堂如寢陳殮牀於堂東加殮衣三品以上五稱複三禪二五品以上三稱複二禪一六品

以下二稱複一禪一皆以繒複衾一二品以上色絳四品以上色緇五品色青六品色紺七品色灰紟絞皆素帛旣辦迺遷尸牀於堂中行殮事畢喪主暨諸子括髮加首絰腰絰皆以麻婦麻髽餘同右小殮三日大殮執事者以棺入設於堂正中南首承以兩凳棺內奠七星版藉茵褥施綿衾垂其裔於四外民公藉三層侯伯一品以下一層屆時奉尸入棺實生時所落齒髮卷衣以塞空處令充實平滿喪主以下憑棺哭踊盡哀迺蓋棺加錠施漆三品以上比葬每月三漆五品以上月再漆七品以上月一漆徹殮牀遷柩其處柩東設靈

牀施幃帳枕衾衣冠帶履之屬設頮盆帨巾於靈牀側皆如生時柩前設靈座奉魂帛几筵供器具建丹旐於門左（內喪則於門右）漢人以絳帛爲銘旌三品以上長九尺五品以上八尺七品以上七尺題曰某官某公（內喪書某封某氏）之柩縣以竹杠依靈右執事者陳饌案食品用素器啟帷行殮奠禮內外就位如寢司祝焚香奠酒喪主以下哭盡哀畢下帷（每奠皆同）及夜奉魂帛復牀諸子次於中門之外寢苫枕塊不脫絰帶諸婦女子次於中門之內帷幔枕衾皆布素哀至則哭晝夜無時（右大殮）是日成服五服各以親疏爲等斬衰三年

子爲父母爲繼母子之妻同庶子爲嫡母所生母慈母妾子無母父命他妾養之者庶子之妻同爲人後者爲所後父母爲人後者之妻同女在室及已嫁被出而反在室者爲父母嫡孫承重爲祖父母祖在爲祖母服同若祖父俱亡爲高曾祖後者同爲人後者承重爲所後祖父母承重者之妻同妻爲夫妾爲家長服生麻布旁及下際不緝麻冠絰菅屨竹杖婦人麻屨不杖餘同齊衰杖期嫡子衆子爲庶母謂父妾有子者嫡子衆子之妻同子爲嫁母親生母父卒而改嫁者出母親生母爲父所出者夫爲妻服熟麻布旁及下際緝之麻冠絰草屨桐杖父母在夫爲妻

不杖婦人麻屨餘同齊衰不杖期爲改嫁繼母謂父卒繼母嫁
而己從之者若不從則無服爲同居繼父謂父卒從母嫁兩無大功以上親嫁母夫又爲
之立廟祀先者爲伯叔父母及姑在室者爲養母撫同宗及
三歲下遺棄子者若三歲下遺棄子不知本宗即從
所養家姓氏應考出仕者爲養父母之服同並令輟考解任
爲兄弟及姊妹在室者爲兄弟之子及女在室者爲
子之爲人後者祖爲嫡孫父母爲嫡長子衆子及嫡
長子之妻爲女在室者繼母爲長子衆子孫爲祖父
母孫女在室出嫁同庶孫爲生祖母若父先卒無與父同母之伯叔
者爲生祖母持服同並令輟考解任女出嫁爲父母爲人後者爲本生

父母庶子之爲人後者爲本生生母均令輟考解任女在室
及雖適人而無夫與子者爲其兄弟姊妹及兄弟之
子與兄弟之女在室者女適人爲兄弟之爲父後者
婦爲夫兄弟之子及女在室者妾爲家長之父母家
長之妻家長之長子衆子與其所生子冠經屨同上
齊衰五月孫及女孫在室出嫁同爲曾祖父母服熟桐麻
布冠經如其服草屨婦人麻屨齊衰三月爲不同居
繼父謂先同居後異居者若未嘗同居則無服爲同居繼父兩有大功以
上親者孫及女孫在室出嫁同爲高祖父母冠經屨同上
大功九月爲從兄弟及姊妹在室者爲姑及姊妹適

人者爲兄弟之爲人後者爲兄弟之子爲人後者爲父之兄弟爲人後者爲人後者爲本生祖父母若所後同祖者仍從本服餘倣此爲本生伯叔父母爲本生兄弟及姑姊妹在室者兄弟之子及女在室者祖爲衆孫及孫女在室者祖母爲嫡孫衆孫及孫女在室者爲孫之爲人後者生祖母爲庶孫同父母爲衆子婦及女之適人者伯叔父母爲從子婦及兄弟之女適人者婦爲夫祖父母伯叔父母爲人後者之妻爲夫之本生父母其於夫之本生餘親則各從本服悉降一等報亦如之女出嫁爲本宗伯叔父母本宗兄弟及兄弟之子本宗姑姊妹及兄弟之

三

女在室者凡在室之女與男子同後倣此服麤白布冠絰如其服繐布緣屨小功五月爲伯叔祖父母爲從伯叔父母及從姊妹適人者爲再從兄弟及姊妹在室者爲從兄弟之子及女在室者爲祖之姊妹在室者爲父從姊妹在室者爲兄弟之妻爲兄弟之孫及兄弟之孫女在室者爲從兄弟之爲人後者爲外祖父母爲母之兄弟及母之姊妹爲姊妹之子及女在室者嫡孫衆孫爲庶祖母祖爲嫡孫之婦爲人後者爲本生曾祖父母若所後同曾祖者仍從本服餘倣此爲本生姑姊妹之適人者從兄弟及從姊妹之在室者爲本生兄弟之子婦及兄

弟之女適人者婦爲夫兄弟之孫及孫女在室者爲夫之姑姊妹兄弟及兄弟之妻爲夫從兄弟之子及女在室者爲夫之伯叔爲人後者女出嫁爲本宗姊妹之適人者爲本宗從兄弟及從姊妹之在室者爲本宗伯叔兄弟及兄弟之子爲人後者曾祖父母爲曾孫之爲人後者妾生有子者爲家長之祖父母服稍細白布冠絰如其服屨同上緦麻三月爲乳母爲曾祖兄弟及曾祖兄弟之妻爲祖從兄弟及祖從兄弟之妻爲父再從兄弟及父再從兄弟之妻爲三從兄弟及姊妹在室者爲曾祖之姊妹在室者爲祖之從姊

妹在室者爲父之再從姊妹在室者爲兄弟之曾孫
及曾孫女之在室者爲兄弟之孫女適人者爲從兄
弟之孫及孫女在室者爲再從兄弟之子及女在室
者爲祖之姊妹父之從姊妹及已之再從姊妹適人
者爲從兄弟之女適人者爲從伯叔伯叔祖再從兄
弟爲人後者爲兄弟之孫從兄弟之子爲人後者爲
母之兄弟爲人後者爲姊妹之子爲人後者爲父姊
妹之子爲母兄弟姊妹之子爲妻之父母爲女之夫
女之子若女爲女之子爲人後者爲兄弟孫之妻爲
從兄弟之妻爲從兄弟子之妻爲人後者爲本生高

祖父母（若所後同高祖者仍從本服餘倣此）爲本生伯叔祖父母祖姑之在室者從伯叔父母從姑之在室者從姊妹之適人者再從兄弟再從姊妹之在室者爲本生兄弟之妻從兄弟之子及女在室者兄弟之孫及孫女在室者爲本生母之父母及兄弟姊妹爲本生姊妹之子及女在室者祖爲衆孫祖母爲嫡孫衆孫婦曾祖父母爲曾孫曾孫女高祖父母爲元孫元孫女爲元孫之爲人後者婦爲夫高曾祖父母爲夫之伯叔祖父母及夫祖姑在室者爲夫之從伯叔父母及夫從姑在室者爲夫之從兄弟姊妹（在室出嫁同）及從兄弟之

妻爲夫再從兄弟之子及女在室者爲夫從兄弟之女適人者爲夫從兄弟子之妻從兄弟之孫及孫女在室者爲夫兄弟孫之妻兄弟之孫女適人者爲夫兄弟之曾孫及曾孫女之在室者爲夫之兄弟爲人後者女出嫁爲本宗伯叔祖父母及祖姑之在室者爲本宗從伯叔父母及從姑在室者爲本宗從兄弟之爲人後者爲本宗從姊妹之適人者爲本宗從兄弟之子及女在室者子爲父母改葬既葬除之妻爲夫孫爲祖後並同

服細白布絰帶如其服素屨無飾凡喪三年者百日薙髮仕者解任士子輟考在喪不飲酒不食肉不

處內不入公門不與吉事期之喪二月薙髮在喪不
昏嫁九月五月者踰月薙髮三月者踰旬薙髮在喪
均不與燕樂八旗官在京者三年喪持服百日後薙
髮供職二十七月內居家仍素服不與吉事爲祖父
母兩月後薙髮供職爲人後者爲本生父母爲曾祖
父母爲撫養庶母爲伯叔父母爲兄弟爲妻爲已授
室之子一月後薙髮供職制服期內居家仍素服不
與吉事爲高祖父母爲庶母生有子者爲伯叔祖爲從伯
叔爲從兄弟爲兄弟已授室之子爲兄之妻爲子婦
爲已授室之孫既殯七日後薙髮供職爲伯叔祖母

爲從伯叔母爲再從兄弟爲弟之妻爲從兄弟之妻
爲兄弟子之妻爲孫婦殯後薙髮供職制服期內均
不與燕樂服成　大殮翼日喪主以下夙興侍者設類
水櫛具於靈牀側五服之人各服其服就位侍者收
類櫛具奉魂帛出就靈座朝奠衆哭執事者設果蔬
酒饌如生時祝焚香斟酒點茶喪主以下詣案前再
拜哭盡哀各以其服爲序男先女後宗親先外姻後
復位哭止日中設果筵奠酒及夕又奠均如朝奠儀
侍者詣靈牀舒衾枕奉魂帛於牀上退諸子婦哭盡
哀迺止每奠皆如之朔望則殷奠具盛饌於朝奠行

之遇新物則薦如朝奠儀右朝夕奠越日行初祭禮侍者詣靈前設遺衣服於座執事者陳饌筵羊酒具楮幣民公筵十有五席羊七楮四萬侯筵十有三席楮三萬六千伯筵十有二席楮三萬二千均羊六一品官筵十席羊五楮二萬八千二品官筵八席羊四楮二萬四千三品官筵六席楮二萬四品官筵五席楮萬有六千均羊三五品官筵四席楮萬有二千六品七品官筵三席楮萬均羊二五服之人咸集各以其服爲序司祝焚香斟酒喪主以下詣案前再拜哭奠如儀卒奠侍者奉衣服及楮幣送燎所焚燎大功者是

日易素服行大祭禮儀與初祭同期服者是日易素服右初祭大祭
親賓聞訃告弔於喪主之家未殯至者入門易素服司賓待於廳事以賵賻儀物授司書入臨尸哭盡哀遂弔喪主持哭喪主以下哭稽顙無辭賓出司賓送成服以後至者各以其服弔具酒果香燭厚則加貨財皆書於狀先使從者持狀通名司書籍記之以禮物入陳靈前喪主以下就位哭司賓出迎賓入詣靈座前舉哀哀止跪焚香酹酒再拜興喪主出帷稽顙哭謝賓答拜慰唁出喪主哭入司賓延客待茶賓退司賓送於門外右親賓弔奠賻品官卒於位與在

任遭父母喪者初喪成服朝夕奠皆如前儀擇日扶櫬還家卒於京者禮部給沿途照驗兵部給郵符夫馬在直省者由任所督撫給洛牌均行本籍得入城治喪備行轝儀從各眂其品告啟期於親戚僚友啟行前一日行啟奠禮喪主以下就位哭祝詣靈前跪告曰今擇某日奉靈柩還故鄉敬告俯伏興喪主以下稽顙哭再拜興復位盡哀止厥明遷奠告遷於柩前禮亦如之徹祝納魂帛於櫝役人舉轝入遷柩就轝主人以下輟哭眂載出大門加幃蓋發引儀從在前銘旌魂帛從喪主以下杖哭隨柩及郊親戚僚友祖者向柩設祖奠役人停轝賓向柩再拜主人稽

首哭謝賓退歛儀從遂行主人乘素車途次止宿奉魂帛銘旌於靈柩前凡柩暫停同水行則設奠陸行則上食及朝啟行亦如之至家前一日遣僕戒家人豫於十里外布幕具奠以待至日五服之人各服其服以迎柩至暫駐幕內設奠祝焚香斟酒跪告曰靈輀遠歸將至家親屬來迎敢告俯伏興衆序哭再拜興柩行咸徒步哭從至家安靈枕於殯所男女各就位哭設奠祝焚香斟酒跪告曰靈輀遠歸至家敢告俯伏興衆哭拜如初受弔朝夕設奠並如前儀右扶喪三月而葬營葬地及葬具凡塋地一品九十步發步均自塋心數至

四旁封丈有六尺二品八十步封丈有四尺三品七十步封丈有二尺四品六十步封一丈五品五十步封八尺六品四十步七品二十步封皆六尺圍以垣公侯伯周四十丈置守塋四戶二品以上周三十五丈守塋二戶五品以上周三十丈守塋一戶六品以下周十有二丈守塋二人設石像生公至二品用石人石馬石虎石羊石望柱各二三品減石人四品減石人石羊五品減石人石虎墓門勒碑書某官某公之墓婦人則書某封某氏若合葬則並書之公侯伯碑身高九尺廣三尺六寸螭首龜趺首高三尺二寸趺高三尺八寸一品

碑身高八尺五寸廣三尺四寸螭首龜趺首高三尺趺高三尺六寸二品碑身高八尺廣三尺二寸麒麟首龜趺首高二尺八寸趺高三尺四寸三品碑身高七尺五寸廣三尺天祿辟邪首龜趺首高二尺八寸趺高三尺二寸四品至七品碑身高眡三品遞減五寸廣眡三品遞減二寸皆員首方趺其高均眡三品遞減二寸刻壙誌用石二一書如碑碣一詳記姓諱謚字無謚則止書字州邑里居服官遷次及其生卒年月日時葬處坐向所遺子女石字內向以鐵合而束之作神主及主櫝製柩轝下爲方牀上編竹格爲蓋四出

檐垂流蘇繒荒縉幃均青藍色公侯伯織五采二品以上施散金五品以上畫雲氣六品七品素繒無飾承以杠五品以上皆髹朱六品七品飾紅翣障柩畫翣五品以上四六品七品二皆引布二功布一靈車一儀從各從其品明器（或埏土或以竹木及紙爲之）各從其俗右治葬具

擇日開兆喪主率諸子適兆所以宗親或姻賓二人告於土神執事者設案兆左陳酒饌置祝文告者吉服至盥詣案前立執事者二人奉香執壺琖隨立左右告者跪上香再拜酹酒如儀祝奉祝文跪於告者之左讀曰維某年月日某官某敢告於司土之神

今爲某官營建宅兆神其保佑俾無後艱謹以清酌庶羞祇薦於神尚饗讀畢興退告者俯伏興復再拜退遂開壙隨地所宜使子弟幹事者一人留眡之喪主以下還（右開兆祀土神）葬有日豫以啟期告於親戚僚友發引前一日厥明五服之人各服其服入就位哭朝奠訖祝跪告於殯前曰今以吉辰遷柩敢告俯伏興喪主以下哭盡哀再拜役人徹奠遷柩障以翣侍者移靈牀於堂正中靈座几筵仍設祝奉魂帛前柩喪主以下哭從及外堂布席置柩祝奉魂帛跪告曰清朝祖俯伏興執事者布席於廟兩楹間祝奉魂帛

詣廟喪主以下哭從及門止哭入序立階下祝奉魂
帛置席北正中再拜興奉魂帛還靈座喪主以下從
出廟門哭從如初右遷柩朝祖日夕祖奠設饌如初奠儀
喪主以下舉哀祝盥詣靈座前喪主以下止哀祝焚
香奠酒畢告曰永遷之禮靈辰不留今奉靈車式遵
祖道俯伏興喪主以下再拜哭盡哀親賓致奠行禮
如成服致奠儀賓出喪主以下代哭如在殯時右祖奠
厥明五服之人會葬者畢會執事者陳明器吉凶儀
從於大門外公鞍馬八侯伯七一品六二品五三品
四四品三五品以下二納靈車於門內之右役人舉

轝入二品以上六十四人五品以上四十八人七品以上三十二人設於堂上喪主以下哭踊迺載喪主輟哭眡載周維以垣令平正牢賓執事者設遣奠於庭如祖奠儀祝跪告曰靈輀旣駕往卽幽宅載陳遣禮永訣終天俯伏興徹役人以杠轝舁柩祝奉魂帛就靈車奉主櫝設魂帛後柩出大門施幃蓋屬引遂發丹旐銘旌前導旗人以丹旐漢人以銘旌次儀從次明器次靈車次功布次轝外親分挽引布在前喪主以下絰杖衰服男在柩旁步從女在柩後輿從哭不絕聲尊行者皆乘車馬出城門若里門親賓不至墓者於前途立向柩再拜役人權停轝乘者

皆下喪主哭謝賓退柩行如初若墓遠主人以下皆乘素車從望塋而下道中哀至則哭每宿設靈座置奠如在殯儀次日啟柩亦如之右遣奠發引葬之日執事者豫張靈幄於墓道右中置几一設藉柩席薦於壙外鋪陳壙中之事設婦人行幃於羡道之右靈車至幄外止祝奉魂帛置几上奉主櫝置魂帛側設奠如儀柩車至壙前役人脫載去幃蓋方牀下於藉席祝取銘旌去杠縱加柩上喪主以下憑棺哭踊盡哀親賓送者再拜辭歸喪主及諸子稽顙謝賓退屆時將窆之內外五服之親以次再拜辭訣丈夫哭羡道東婦

入哭羡道西擗踊無算遂窆喪主輟哭臨眡執事者整銘旌藏誌石設明器掩壙復土喪主以下哭盡哀退就靈幄序立右窆之是日祀土神於墓左如開兆祭儀惟祝辭營建宅兆改爲窆之兆擇宗親善書者一人題主執事者設題主案於靈座東南西向筆墨具對案設盥二一祝盥一題主者盥喪主以下序哭於靈座側祝盥啟櫝出木版卧置案上題主者盥就位書某封謚某官顯考某公母則稱顯妣某氏神位訖祝奉木主置靈案上焚香奠酒喪主以下再拜祝跪讀告辭於靈座之右曰哀子某謹告於先考某官封謚府君母則稱先妣某封氏形歸窀穸神返室

堂神主既成伏惟精靈舍舊從新是憑是依讀畢興
復於案喪主以下再拜哭盡哀祝焚告辭奉魂帛埋
墓側奉主納櫝置靈車而還在途不驅喪主以下哭
從如來儀右祀土神題主靈車至家喪主以下哭從入大門
及庭止祝奉木主出車並櫝奉之設几上南向喪主
及諸子右寢東西向親屬以服輕重爲序在諸子後
婦人哭於房中有弔者如在殯儀迺修虞事執事者
具牲饌品數各眡其等陳設如祭禮祝啟櫝陳主於
靈座主人以下就位哭哭止贊參神主人盥洗詣香
案前跪執事者二人一奉香盤一挹尊酌酒詣主人

左右跪左進香主人三上香右進爵主人酹酒於地
以爵奠於案退復拜位及諸子親屬行一跪三叩禮
贊初獻主婦率諸婦出於房薦匕箸醯醬於几前案
北跪一叩興退入於房庖人解牲體實於俎執事者
奉以升薦於供案執爵者奉爵主人獻爵於正中跪
叩興復拜位立贊讀祝主人以下跪祝詣祝案之左
跪讀文曰維某年月日朔孤子某敢告於先考某官
母則稱先妣
某封某氏　日月不居奄及初虞夙興夜處哀慕無
時謹以潔牲庶羞粢盛醴齊哀薦虞事尚饗讀畢興
復於案退主人以下哭一叩興贊亞獻主婦率諸婦

和羹實於鉶實飯於敦出薦於案及腊肉炙胾叩興
退如初主人獻爵於左贊終獻主婦率諸婦出於房
薦餅餌果蔬叩退主人獻爵於右如初獻儀贊送神
主人以下一跪三叩興哭祝焚祝文主人奉神主納
櫝徹哭止至夕奉神主於靈牀朝奉諸靈座朝夕朔
望奠如初遇柔日再虞遇剛日三虞如初虞禮易初祝文
虞爲再虞三虞 百日卒哭儀同虞祭祝文改虞事爲成事 卒哭
布反哭虞
之明日夙興執事者詣廟具饌陳設如常祭禮設亡
者案於祖考神案東南西向祝啟室奉四世神主以
次設於几如時薦之位主人率眾先哭於几筵前奉

亡者之主詣廟諸子以下哭從及廟門止哭主人陳主於東南案上序立階下焚香進饌祝讀告辭曰維某年月日孝曾孫某謹以潔牲庶羞粢盛醴齊適於顯曾祖考某官府君躋祔孫某官府君某尚饗次讀祝於亡者位前曰孝子某謹以潔牲庶羞粢盛醴齊哀薦祔事於顯考某官府君母則稱妣某封某氏適於顯曾祖考某官府君尚饗餘行禮儀節與常祭同畢祝焚告文奉神主復於室徹主人奉亡者之主復寢諸子以下從出廟門哭隨至几筵前納於櫝訖哭止衆退護喪者代喪主爲書使人徧謝親賓弔賻者右卒哭祔期而

小祥於忌日行事質明祝啓櫝出主諸子及期親就內外位哭盡哀焚香進饌酒讀祝辭同卒哭惟改卒哭曰小祥成事曰常事行禮與卒哭同右小祥再期大祥忌日行事先一日告遷於廟執事者具果酒如常儀設案於東序西序前各一主人盥詣廟啓櫝陳諸神主焚香進果酒如常告儀祝讀告辭曰維某年月日孝孫某謹告於某官府君某封某氏四代備書茲以先考某官府君大祥已屆禮當遷主入廟某官某府君某封某氏神主親盡當祧某官某府君某封某氏以下神主宜改題世次遞遷不勝感愴謹以果酒用伸虔告尚饗讀畢焚祝

主人以下俯伏興再拜奉各神主卧置東案上子弟善書者一人改題高曾祖神主訖以紙裹應祧神主陳於西序案奉改題主遞遷於室虛左一位以竢闔室衆退厥明諸子諸婦女子致祭於几筵前陳設行禮如初期儀惟祝辭改小祥曰大祥常事曰祥事諸子從喪主奉亡者之主詣廟設於東室再拜奉祧主藏於夾室闔門出迺徹寢室靈牀靈座罷朝夕奠徹几筵斷杖棄之屏處右大祥中月而禫二十七月既周之日行事居日夙興執事者設几案於寢堂之中主人率諸子入廟詣考位前啟室焚香再拜跪告曰孝子某將祗薦禫事

敢請神主出就正寢俯伏興奉主至寢堂陳於案執
事者陳饌案於前喪主及諸子於東壁下就位舉哀
婦人哭於房中焚香進果饌酒醴如常儀祝讀告辭
日維某年月日孝子某謹告於顯考某官府君神主
禫制有期追遠無及謹以清酌庶羞祗薦禫事尚饗
主人以下俯伏興再拜祝焚告文訖奉主復於廟闔
室皆退諸子素服終月始服常服右禫歲逢忌日前期
齋厥明主人及子弟素服詣廟設案於所薦神主室
前主人盥啟室奉主就案焚香薦蔬果酒饌告曰茲
以某府君某官遠諱之辰妣稱某封某氏謹備庶羞清酌恭

伸追慕俯伏興及子弟皆再拜如時節薦新之儀禮畢徹納主闔室退右忌日奠歲寒食或霜降節拜埽壙塋其日主人夙興率子弟素服詣墳塋執事者具酒饌僕人備芟薙草木之器從既至主人周眡封樹僕人薙除荆草訖以次序立墓前焚香供酒饌再拜在列者皆再拜興遂祭土神陳饌墓左上香酹酒主人以下序立再拜退右拜埽通禮五十二

士喪禮　疾革書遺言既終子號哭擗踊去冠被髮徒跣諸婦女子去笄期功以下丈夫素冠婦人去首飾皆素服立喪主主婦護喪贊祝諸執事人治棺及

凡喪具護喪者使人訃於有司及戚友執事者帷寢設浴牀於尸牀前襲牀在浴牀西東陳沐浴巾櫛含具含用金銀屑三襲事陳其旁常服一稱冠及禮服各以其等帶鞾皆備侍者遷尸浴牀南首諸子哭踊婦人出女喪則男出迺去尸衣覆以殮衾侍者奉湯及巾櫛入沐浴喪主及諸子止哭眂執事者結襲衣縱置於牀南領舉尸易牀徹浴牀浴具埋巾櫛及餘水於屏處迺去衾襲常服禮服加面巾即牀前爲位立魂帛設奠陳生前所食脯醢酒果用吉器喪主以下爲位序哭如禮位詳見官員喪儀後同執事者奉含具前喪主起

盥含尸訖哭復位越日小殮執事者帷堂陳殮牀於堂東加殮衣複一禪一複衾一紟絞皆備殮畢遷尸於堂喪主暨諸子麻括髮加首絰腰絰皆以麻婦麻髽餘同三日大殮執事者以棺入承以兩凳棺內奠七星版藉茵褥施綿衾垂其裔於四外屆時奉尸入棺實生時所落齒髮卷衣以塞空處喪主以下憑棺哭踊盡哀迺蓋棺加錠施漆比葬月一漆徹殮牀遷柩其處柩東設靈牀施幃帳枕衾衣冠帶屨之屬設頮盆帨巾皆如生時柩前設靈座奉魂帛几筵供器具門內立引旛漢人以絳帛爲銘旌八品七尺九品及有頂戴者五

尺
題曰某官封未仕則否顯考某府君之柩婦則書顯妣某氏依
靈座之右設殮奠內外序哭如儀及夜奉魂帛復牀
諸子次於中門之外寢苫枕塊不脫經帶諸婦女子
次中門之內幃幔枕衾皆布素哀至則哭晝夜無時
右初終　是日成服輕重以親疏爲等詳見官員喪儀厥明喪
襲殮
主以下夙興侍者設頮水櫛具於靈牀側五服之人
各服其服就位侍者收頮櫛具奉魂帛出就靈座設
奠焚香斟酒點茶喪主以下哭叩盡哀及夕如朝奠
禮侍者詣靈牀舒衾枕奉魂帛於牀上衆哭盡哀迺
止夕奠皆同朔望則具殷饌於朝奠行之初祭日陳

饌筵三羊二楮一萬大祭儀同親賓弔奠如禮見官員喪儀右成服朝夕奠及祭弔士卒於其職八品九品官以下同或在職遭喪者扶櫬還家聞喪奔喪皆如品官之禮右扶喪奔喪三月而葬營葬地及葬具墳塋周二十步封高六尺圍以垣周十二丈置守塋二人墓門石碣員首方趺勒曰某官某之墓無官則書庶士某之墓婦則稱某封氏無封則稱某氏刻壙誌式見官員喪儀作神主及櫝製柩轝下為方牀上編竹格為蓋四出檐垂流蘇絹荒絹幃杠轝飾紅翣無翣引布二功布一靈車一明器仍各從其俗擇日開兆喪主率諸子適兆所以親賓一人告土神執事者

陳酒饌於兆左告者吉服盥就位上香酹酒讀祝祝辭均見官員喪儀下同行禮如儀遂開壙使子弟一人留眡之喪主以下還葬有期豫以啟期告於戚友發引前一日厥明五服之人各服其服入就位朝奠訖告遷柩於殯前喪主以下再拜哭盡哀役人入遷柩祝奉魂帛前喪主以下哭從及外堂仍設座於柩前奉魂帛辭於祖禰復於靈座從哭如初及夕祖奠如朝奠儀喪主以下再拜哭盡哀親賓致奠行禮如成服致奠儀賓出喪主以下代哭如初質明五服之人會葬者畢會執事者陳明器於大門外設鞍馬二納靈車於門

內之右役人舉轝人八品三十二人九品及有頂戴者二十四人設於廳事正中喪主以下哭踊迺載喪主輟哭眡載牢實載訖設遣奠如祖奠儀役人舁轝祝奉魂帛就靈車奉木版櫝設魂帛後柩出大門施幃蓋屬引遂發引旛銘旌前導旗人以引旛漢人以銘旌次明器次靈車轝從外親分執引巿在前喪主以下經杖衰服男在柩旁步從女在柩後輿從哭不絕聲出城門若里門親賓不至墓者於前途立向柩再拜役人暫停轝喪主哭謝賓退柩行如初及墓執事者豫張靈幃於墓右置靈座几筵設題主案於右設藉柩席薦於壙前鋪陳壙中之

事設婦女行幃於羨道之右靈車至幃外止祝奉魂帛於几上奉主櫝置魂帛側柩車至脱載去幃蓋方牀下於藉席祝去銘旌縱加柩上喪主及諸子憑棺哭婦女哭羨道西厝時男女以次哭叩辭訣親賓送者再拜辭歸喪主及諸子哭謝遂窆喪主輟哭眡執事者整銘旌藏誌石明器復土喪主以下哭盡哀執事者陳饌於墓左致祭土神如開兆祭儀喪主以下退就靈幃之左序立祝盥復魂帛於廂啟櫝出木版卧置案上宗親善書者一人盥就位題主訖祝奉木主於几上設奠焚香奠酒讀告辭喪主以下哭叩盡

哀祝焚告辭奉魂帛埋於墓側奉主納櫝置靈車而返在途不驅喪主以下哭從如來儀右啟殯至葬

家喪主以下哭從入門祝奉木主設几上諸子在寢東服親序在諸子後婦女哭於房中有弔者如在殯儀洒修虞事執事者具饌品數各以其等主人以下就位哭主婦薦羹飯主人獻爵讀祝行禮如時薦儀畢主人奉主納櫝徹哭止衆退百日卒哭儀同虞祭厥明執事者具饌於寢室如常薦禮設亡者案於祖考神案東南啟室陳神主主人率衆先哭於几筵前奉亡者之主如寢諸子以下哭從及寢門止哭陳主

於東南案上眾序立焚香進饌讀告辭行禮如常薦儀祝焚告文奉神主復室徹主人奉亡者之主復寢哭隨至几筵前納櫝訖哭止眾退（右返哭至祔）期而小祥於忌日行事厥明喪主以下及期親就內外位哭盡哀焚香進饌酒讀祝行禮儀與卒哭同再期而大祥先忌一日設案於寢堂東西各一主人率諸子詣寢堂啟室以遞遷改題之事告於祖陳設讀祝行禮如時薦儀迺以紙裹應祧神主陳於西案奉曾祖以下神主卧置東案使子弟善書者一人改題訖復於室遞遷其位虛室中下級以俟闔門出質明主人以下

就几筵前序哭陳設行禮如初期儀主人奉亡者之主躋於寢室再拜闔門徹靈牀靈座罷朝夕奠徹几筵斷杖棄之屏處奉祧主於墓祭而埋於側如儀二十七月既周設几筵於廳事正中主人以下如寢堂啟室奉新祔神主陳於廳事几上祗薦禫事主人及諸子位東壁下舉哀婦人哭於房中焚香薦果饌酒醴讀祝如儀畢奉主復於寢室闔門退諸子素服終月始服常服右祥禫

歲逢忌日前期齋厥明主人及子弟素服如寢堂啟室出專薦之主於案焚香薦酒饌讀祝行禮如時節薦新之儀禮畢徹納主闔室退右忌

日歲寒時節或霜降節日主人夙興率子弟素服具奠酒饌詣墓拜埽既至芟除荊草設饌於墓前主人以下序立焚香再拜興別陳饌於墓左祀土神行禮如儀右拜埽

庶人喪禮　疾革書遺言既終子號哭擗踊去冠被髮徒跣諸婦女子去笄素服期功以下丈夫素冠婦人去飾男東女西哭向環牀哭立喪主主婦使子弟護喪事治襲斂之具訃於戚友踰時子弟奉湯及巾櫛入婦女出婦喪則男出　沐浴喪主及諸子止哭周眂徹巾櫛及餘水埋之設襲牀於尸牀前陳衣冠帶舄遷

尸於牀襲喪主以下哭踊卽牀前爲位立魂帛設奠陳生前所食酒饌内外序哭如禮喪主起盥含尸以銀屑三既襲幃堂設殯牀於堂東加殮衣複衾一皆以絹紟絞皆備殮畢遷尸於堂執事者以棺入棺内奠七星版藉褥施綿衾垂其裔於四外届時奉尸入棺實生時所落齒髮以衣實其空處喪主以下憑棺哭踊盡哀迺蓋棺加錠施漆比葬一漆徹殮牀遷柩其處柩東設靈牀施枕席衣被之屬設頮盆帨巾如生時柩前設靈座奉魂帛几筵供器具設奠内外序哭如儀及夜奉魂帛於牀諸子居柩側寢苫枕塊不

脫絰帶諸婦女子易常次帷幔枕席用布素哀至則哭晝夜無時右初終襲殮是日成服服制見上厥明五服之人各服其服就位子弟設頮水帨巾於靈牀側斂枕衾奉魂帛出就靈座設奠焚香斟酒點茶喪主以下哭叩盡哀及夕設奠亦如之舒枕衾復魂帛於牀徹頮具衆哭盡哀迺止以至於虞朝夕同初祭大祭具饌筵二羊一楮六千親賓弔奠如禮若在外聞訃者奔喪成服均如士喪之禮右成服朝夕奠及祭弔踰月而葬營葬地及葬具墳塋九步封四尺牆四圍周八丈守墳二人有誌無碣擇吉開壙祀土神作神主備靈車一柩

轝一別製布衾衣柩不施幃蓋杠轝兩端施黑中飾紅堊發引前一日喪主以下就位哭朝奠訖奉魂帛辭於祖禰還靈座晡時設祖奠以永遷告喪主以下再拜哭盡哀厥明五服之人畢會納靈車於大門內之右納柩轝於廳事內外各就位哭徹幃遷靈座役八十有六八舉柩就載衣以大衾喪主以下哭眡載訖設奠柩前如祖奠禮奉魂帛就靈車置主櫝於後逎發引前列明器及鞍馬一男女以次哭從及墓執事者豫設藉席於壙前設靈座於墓道之右設奠案於座前設題主案於奠案右靈車至奉魂帛於座柩至脫

載下於藉席喪主以下憑棺哭婦女哭墓右居時男女以次哭叩辭訣諸親會葬者均以次哭叩辭歸喪主及諸子哭謝迺窆納柩於壙下誌石復土祀土神如儀喪主以下退就靈座之側序立子弟啟櫝奉木版卧置案上宗親善書者一人題主訖子弟奉置靈座納魂帛於㡩設奠讀告辭畢喪主以下哭叩盡哀祝焚告辭奉魂帛埋於墓側奉主納櫝遂行喪主以下哭從如來儀右啟殯至葬

靈車至家子弟豫設几筵於殯寢故處奉木主陳之喪主以下序哭如士喪反哭之位迺虞饌品器數眡薦禮主人以下就位哭主婦

薦羹飯主人薦酒饌讀祝行禮如時薦儀畢主人奉
神主納櫝徹哀止衆退百日卒哭設奠行禮儀同虞
祭厥明喪主以下夙興哭於几筵前奉主詣寢陳於
祖考神室東南以祔告啟室陳設行禮如時薦儀畢
仍奉主復於几筵納櫝退右反哭虞祔期而小祥忌日行
事厥明喪主以下及期親就內外位設奠哭卬如卒
哭儀再期大祥先一日詣寢以改題告遷於祖考如
士喪告遷之儀屆日夙興喪主以下就几筵前序哭
設奠行禮儀同初期主人奉亡者之主躋祔於祖再
拜闔門出徹靈牀靈座几筵罷朝夕奠斷杖棄之屏

處奉祧主埋於墓側如庶士儀二十七月旣周設几案於廳事奉新祔神主陳之喪主以下就內外位哭奠行禮如常薦儀禮畢復主於寢闔門退諸子素服終月始服常服右祥禫

忌日主人具饌羞羹飯夙興及子弟素服啟寢室出專薦之主於案焚香薦酒饌行禮如常薦儀畢納主闔室退右忌日奠

歲寒食或霜降節具饌主人率子弟素服拜埽墳墓旣至芟除荆草訖設饌於墓前主人以下焚香再拜興別陳饌於墓左祀土神行禮如儀右拜埽同上

公侯伯子男冠服　民公冬朝冠薰貂爲之十一月

朔至上元用青狐頂鏤花金座中飾東珠四上銜紅
寶石端罩貂皮爲之藍緞裏補服色用石青前後繡
四爪正蟒朝服藍及石青諸色隨所用其制披領及
袖皆石青冬用片金加海龍緣夏用片金緣兩肩前
後正蟒各一腰帷行蟒四中有襞積裳行蟒八緣貂
朝服之制披領及裳俱表以紫貂袖端薰貂兩肩前
後正蟒各一襞積行蟒四皆四爪曾
賜五爪蟒緞者亦得用之朝珠珊瑚青金綠松蜜珀隨所
用雜飾惟宜條用石青色朝帶色用石青或藍鏤金
銜玉圓版四每具飾猫睛石一佩帉下廣而鋭吉服

冠頂用珊瑚蟒袍藍及石青諸色隨所用通繡九蟒
吉服帶佩帉下直而齊版飾及佩惟宜雨冠雨衣及
裳均用紅色坐褥冬用全虎皮夏用皁縚襯紅氈侯
朝冠頂鏤花金座中飾東珠三上銜紅寶石朝帶鏤
金銜玉圓版四每具飾緑松石一坐褥冬用虎皮去
首尾夏用緣花皁縚餘皆如公伯朝冠頂鏤花金座
中飾東珠二上銜紅寶石朝帶鏤金銜玉圓版四每
具飾紅寶石一坐褥冬用虎皮去首尾夏用青雲縚
餘皆如侯子朝冠頂鏤花金座中飾東珠一上銜紅
寶石補服前後繡麒麟吉服冠頂用珊瑚餘皆眡一

品男朝冠頂鏤花金座中飾小紅寶石一上銜珊瑚
補服前後繡獅吉服冠頂用鏤花珊瑚餘皆䀋二品
通禮五
十三
文武品官冠服　文一品朝冠頂鏤花金座中飾東
珠一上銜紅寶石補服前後繡鶴朝帶鏤金銜玉方
版四每具飾紅寶石一坐褥冬用狼皮夏用紅褐餘
皆如公武一品補服前後繡麒麟餘皆如文一品雨
衣雨冠均用大紅色文二品冬朝冠薰貂爲之十一
月朔至上元用貂尾頂鏤花金座中飾小紅寶石一
上銜珊瑚補服前後繡錦雞朝帶鏤金圓版四每具

飾紅寶石一吉服冠頂鏤花珊瑚雨冠紅色雨衣雨裳青色惟各省督撫均得用紅色坐褥冬用獾皮夏用紅褐緣皁褐餘俱如文一品武二品補服前後繡獅餘皆如文二品文三品朝冠頂鏤花金座中飾小紅寶石一上銜藍寶石補服前後繡孔雀朝帶鏤花金圓版四吉服冠頂用藍寶石坐褥冬用貉皮夏用皁褐緣紅褐餘皆如文二品武三品冬朝冠薰貂爲之補服前後繡豹餘皆如文三品惟無緣貂朝冠及端罩一等侍衛戴孔雀翎端罩猞猁猻爲之間以貂皮月白緞裏餘皆如武三品雨冠用大紅色雨衣青色文四品冬

朝冠薰貂爲之頂鏤花金座中飾小藍寶石一上銜青金石補服前後繡雁朝帶銀銜鏤花金圓版四吉服冠頂用青金石蟒袍通繡八蟒皆四爪雨冠紅色前加緣二寸五分後五寸青色四品以下在內廷行走官及講官雨冠均用紅色坐褥冬用山羊皮夏用皁布餘皆如文三品武四品補服前後繡虎餘皆如文四品二等侍衞帶孔雀翎端罩赤豹皮爲之素紅緞裏朝服剪絨緣色用石青通身雲緞前後方襴行蟒各一腰帷行蟒四中有襞積領袖俱石青粧緞冬夏皆用之餘皆如武四品雨冠

御前侍衛

乾清門侍衛皆用紅色雨衣雨裳

御前侍衛用紅色其餘侍衛各從其品（四品官以上及御前侍從官衣服織文均得用蟒右一品至四品服）文五品朝冠頂鏤花金座中飾小藍寶石一上銜水晶補服前後繡白鷴朝服片金緣色用石青通身雲緞前後方襴行蟒各一中有襞積領袖俱石青粧緞冬夏皆用之朝帶銀銜素金圓版四吉服冠頂用水晶坐褥冬用青羊皮夏用藍布襯白氈餘皆如文四品武五品補服前後繡熊餘皆如文五品惟無朝珠三等侍衛帶孔雀翎端罩黃狐皮

爲之月白緞裏朝服剪絨緣如文五品朝服之制餘皆如武五品文六品朝冠頂鏤金花座中飾小藍寶石一上銜硨磲補服前後繡鷺鷥朝帶銀銜玳瑁圓版四吉服冠頂用硨磲坐褥冬用黑羊皮夏用黑樓色布餘皆如文五品惟無朝珠五品官以下惟京堂翰詹科道得用貂裘

朝珠六品官以下惟禮部主事司務光祿寺署正署丞典簿太常寺博士典簿國子監監丞博士助教學正學錄太常寺讀祝官贊禮郎鴻臚寺鳴贊壇廟執事殿廷侍儀得用朝珠

武六品補服前後繡彪餘皆如文六品藍翎侍衛帶藍翎端罩朝服朝珠均如三等侍衛餘皆如武六品雨冠紅色青緣雨衣青色文七品朝冠頂鏤花金座中飾

小水晶一上銜素金補服前後繡鸂鶒朝帶素金圓
版四吉服冠頂用素金蟒袍通繡五蟒皆四爪雨冠
青色前加緣二寸五分後五寸紅色坐褥冬用鹿皮
夏用灰色布餘皆如文六品武七品補服制如武六
品餘皆如文七品文八品朝冠鏤花陰文金頂無飾
補服前後繡鵪鶉朝服色用石青雲緞無蟒領袖皆
青倭緞中有襞積冬夏皆用之朝帶銀銜明羊角圓
版四吉服冠鏤花陰文金頂坐褥冬用麅皮夏用土
布餘皆如文七品武八品補服前後繡犀牛餘皆如
文八品文九品朝冠鏤花陽文金頂補服前後繡練

雀朝帶銀銜烏角圓版四吉服冠鏤花陽文金頂坐褥冬用獺皮夏用土布餘皆如文八品武九品補服前後繡海馬餘皆如文九品未入流冠服制如文九品雨冠青色紅緣雨衣青色凡文武候補候選官頂帶均與現任同七品以上官得用諸花緞八九品官用雜花及素緞舉人眡七品貢監生員眡八品右五品至九品官服

都御史御史直省按察使各道冠服　左都御史左副都御史監察御史直省按察使及各道補服均前後繡獬豸其都察院都事經歷筆帖式及按察使經歷照磨等官俱照本身品級不得用獬豸補服同上

士民冠服　會試中式貢士朝冠鏤花金頂上銜金
三枝九葉狀元金頂上銜水晶授職後各眡其品舉
人公服冠頂鏤花銀座上銜金雀公服袍青紬爲之
藍緣披領如袍飾公服帶制如文八品朝帶吉服冠
頂銀座上銜素金貢生吉服冠鏤花金頂餘皆如舉
人監生吉服冠素銀頂餘皆如貢生生員公服冠頂
鏤花銀座上銜銀雀公服袍藍紬爲之青緣披領如
袍飾公服帶制如文九品朝帶吉服冠制如監生外
郎耆老冠頂以錫民人冬夏帽上不得用絨纓大結
同上

民公夫人以下冠服　民公夫人冬朝冠薰貂爲之
頂鏤花金座中飾東珠四上銜紅寶石前綴金䇯三
飾以珠寶護領條用石青色金約青緞爲之中綴鏤
金火燄飾珍珠一左右金龍鳳各一後垂青緞帶二
紅片金裏耳飾左右各三每具金雲銜珠各二朝褂
色用石青片金緣繡文前行蟒二後行蟒一領後垂
石青條雜飾惟宜朝袍藍及石青諸色隨所用披領
及袖皆石青冬用片金加海龍緣夏用片金緣繡文
前後正蟒各一兩肩行蟒各一襟行蟒四中無襞積
披領行蟒二袖端正蟒各一袖相接處行蟒各二後

垂石青條雜飾惟宜領約鏤金爲之飾紅藍小寶石
五兩端垂石青條二中各貫珊瑚末綴珊瑚各二朝
珠三盤珊瑚青金綠松蜜珀隨所用雜飾惟宜條用
石青色采帨月白色不繡花文冬朝裙片金加海龍
緣上用紅緞下石青行蟒粧緞皆正幅有襞積夏朝
裙片金緣緞紗各惟其時吉服冠薰貂爲之頂用珊
瑚吉服褂色用石青繡花八團蟒袍藍及石青諸色
隨所用通九蟒皆四爪侯夫人朝冠頂鏤花金座中
飾東珠三上銜紅寶石餘皆如民公夫人伯夫人朝
冠頂鏤花金座中飾東珠二上銜紅寶石餘皆如侯

夫人子夫人朝冠頂鏤花金座中飾東珠一上銜紅寶石餘皆如伯夫人男夫人朝冠頂鏤花金座中飾紅寶石一上銜珊瑚吉服冠頂鏤花珊瑚餘皆如子夫人同上

命婦冠服　一品命婦朝冠頂鏤花金座中飾東珠一上銜紅寶石餘皆如民公夫人二品命婦朝冠頂鏤花金座中飾紅寶石一上銜珊瑚餘皆如一品命婦三品命婦朝冠頂鏤花金座中飾紅寶石一上銜藍寶石吉服冠頂用藍寶石餘皆如二品命婦四品命婦朝冠頂鏤花金座中飾小藍寶石一上銜青金

石朝袍片金緣繡文前後行蟒各二中無襞積後垂
石青條雜飾惟宜朝裙片金緣上用緑緞下石青行
蟒粧緞皆正幅有襞積吉服冠頂用青金石蟒袍通
八蟒皆四爪餘皆如三品命婦五品命婦朝冠頂鏤
花金座中飾小藍寶石一上銜水晶吉服冠頂用水
晶餘皆如四品命婦六品命婦朝冠頂鏤花金座中
飾小藍寶石一上銜硨磲吉服冠頂用硨磲餘皆如
五品命婦七品命婦朝冠頂鏤花金座中飾小水晶
一上銜素金吉服冠頂用素金蟒袍通五蟒皆四爪
餘皆如六品命婦同上

品官父母及原任官冠服　品官曾祖父母祖父母父母妻受封者冠服得如所封之品本身加級受封冠服均從本任惟致仕後得照所封之品服用其京外革職留任之員得照原品頂帶服用其有因公革職未追封誥者祇許服用原官頂帶同上

民公以下儀衛　民公與和碩額駙同侯金黃棍四餘眂郡主額駙其有加級者棍得用紅伯杏黃織一青扇二飾以圓金四旗槍十金黃棍四常日前引二後從八子杏黃織一青扇二飾以圓金四旗槍八金黃棍二前引二後從八男杏黃織一青扇二飾以圓

金三旗槍六金黃棍二前引二後從六十四通禮五